AF872547

Für meine starke, schöne und zielstrebige Tochter Etta. Meine treibende Kraft. Ich liebe dich. – SARAH KLYMKIW

Für Clare. Die schon als Teenager wusste, wie man unnötige Einkäufe vermeidet, und sich ihre Klamotten immer von mir geliehen hat. Du warst deiner Zeit weit voraus, Schwesterherz. x – KIM HANKINSON

Sollte diese Publikation Links auf Webseiten Dritter enthalten, so übernehmen wir für deren Inhalte keine Haftung, da wir uns diese nicht zu eigen machen, sondern lediglich auf deren Stand zum Zeitpunkt der Erstveröffentlichung verweisen.

FSC
www.fsc.org
MIX
Papier aus verantwortungsvollen Quellen
FSC® C018236

978-3-7432-0972-5
1. Auflage 2021
Erschienen unter dem Originaltitel
Fashion Conscious. Change the World with a Change of Clothes
Copyright Text © 2020, Sarah Klymkiw
Copyright Illustrations © 2020, Kim Hankinson
Original English language edition first published in 2020 by Egmont UK Limited, 2 Minster Court, London EC3R 7BB
The Author and Illustrator have asserted their moral rights.
Alle Rechte vorbehalten.
Für die deutschsprachige Ausgabe
© 2021 Loewe Verlag GmbH, Bindlach
Aus dem Englischen übersetzt von Bea Reiter
Umschlaggestaltung: Michael Dietrich
Printed in the EU

www.loewe-verlag.de

SARAH KLYMKIW
UND KIM HANKINSON

MAKE FASHION BETTER

MIT STIL DIE WELT VERBESSERN

Loewe

Eine Nachricht der Autorin

Hinter den Kulissen der nach außen hin so schillernden und glamourösen Modewelt arbeitet eine Maschine. Diese Maschine läuft wie geschmiert und stößt ununterbrochen und rund um die Uhr neue Textilien aus. Sie umspannt sämtliche Erdteile, verbraucht wertvolle natürliche Ressourcen wie Pflanzen, Wasser, Öl und Tiere und macht daraus Kleidungsstücke, die wir vielleicht ein- oder zweimal tragen, bevor wir sie ganz nach hinten in unseren Kleiderschrank verbannen, in den Altkleidercontainer oder gleich in die Mülltonne werfen.

Wir leben in einer Welt, die uns ständig zum Kaufen verführt – auch zum Kaufen von Kleidung. Und das machen wir auch. Wir kaufen und halten dadurch die Maschine am Laufen. Sie stößt immer mehr Textilien aus, dabei leben wir doch in einer Welt, in der eigentlich weniger produziert werden sollte.

Die Modemaschine braucht uns. Wir sollen weiterkaufen, damit sie weitermachen kann, aber das ist nicht nachhaltig. Nicht, wenn es uns ernst damit ist, den CO_2-Ausstoß zu senken, den Raubbau wertvoller Ressourcen zu stoppen und das Leben der Menschen zu verbessern, die unsere Kleidung produzieren.

Ich hoffe, dass du dich nach dem Lesen dieses Buchs noch genauso für Mode begeistern wirst wie ich, dass du aber auch ein Auge darauf haben wirst, wie sich die Wahl unserer Kleidung auf unsere Mitmenschen und die Umwelt auswirkt. Ich hoffe, dass du so selbstbewusst sein wirst, Antworten auf drängende Fragen zu verlangen und entsprechend zu handeln. Wir können gemeinsam die Welt verändern, indem wir unsere Kleidung ändern.

Sarah Klymkiw

INHALT

EINLEITUNG

ERSTER TEIL

ZWEITER TEIL

DRITTER TEIL

VIERTER TEIL

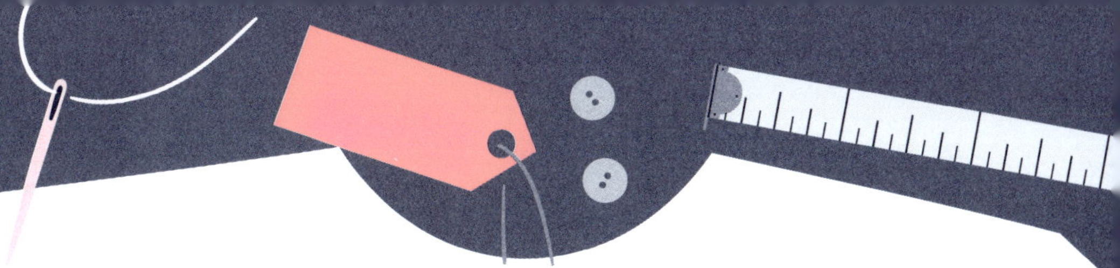

MODE-FOLLOWER?

Kleidung hat die wichtige Funktion, uns vor Umwelteinflüssen zu schützen, doch sie hilft uns auch bei der Interaktion mit der Welt um uns herum. Durch Kleidung können wir uns ausdrücken und mit anderen Leuten kommunizieren, ohne ein einziges Wort zu sagen. Sie ist größtenteils eine persönliche Entscheidung und kann ein ausschlaggebender Faktor bei der Gestaltung unserer Identität sein. Kleidung ist eines der ersten Dinge, die wir registrieren, wenn wir jemanden kennenlernen, und sie beeinflusst den ersten Eindruck, den wir von jemandem bekommen.

Schon lange schmücken Menschen ihre Körper für Rituale oder um ihren sozialen Status zu verdeutlichen. Die wechselnden Trends in der Art und Weise, wie wir Kleidung dafür benutzen, werden Mode genannt.

MAN SAGT, DASS MODE EIN ANGEBORENES MENSCHLICHES BEDÜRFNIS NACH VERÄNDERUNG BEFRIEDIGT.

In der modernen Welt existiert ein System, das Modetrends setzt und Geschmäcker beeinflusst. Es ist ein Zyklus, der sich kontinuierlich verändert, und mit Modetrends Schritt zu halten, fühlt sich manchmal an wie ein Ding der Unmöglichkeit. Aber du kannst dich für Kleidung begeistern und deinen eigenen Stil entwickeln, ohne blind Trends hinterherzurennen. Stil zeigt sich darin, wie jemand Kleidung und Modetrends nutzt, um ein persönliches Statement abzugeben. Stil ist zeitlos und kommt nie aus der Mode. Du kannst mit dem spielen, was gerade angesagt ist und was nicht, und Spaß an Mode haben, ohne immer mehr Kleidungsstücke zu kaufen. Außerdem: Wer will schon so aussehen wie alle anderen?

Kleidung erzählt eine Geschichte ...

Kleidung kann Geschichten erzählen. Sie wird schon mit einer geliefert, und wenn wir sie tragen, entstehen neue. Menschen gehören zu diesen Geschichten dazu, denn Mode wird von Menschen für Menschen gemacht. Der Stoff, der jetzt unsere Haut berührt, ist schon durch viele Hände gegangen.

In diesem Buch erfährst du die ganze Geschichte, die hinter unserer Kleidung steckt – angefangen bei der Beschaffung der Stoffe bis hin zur Lieferung der fertigen Teile in die Geschäfte, und auch, was mit Kleidungsstücken passiert, wenn wir sie nicht mehr haben wollen. Wenn du diese Geschichte kennst, kannst du besser entscheiden, was du tragen willst und wie du mit den Sachen umgehst, die schon bei dir im Schrank hängen. Als Erstes sehen wir uns den Lebenszyklus eines einfachen weißen T-Shirts an ...

LEBENSZYKLUS EINES T-SHIRTS

Jede von uns hat mindestens ein T-Shirt im Schrank liegen, aber das Leben dieses Kleidungsstückes fängt nicht erst an, wenn wir es tragen. Genau genommen ist es um die ganze Welt gereist und durch mindestens 200 Hände gegangen, noch bevor wir es anprobieren. Wie oft denken wir darüber nach, wo unsere Kleidung herkommt, woraus sie gemacht wird und welche Auswirkungen unsere Kleiderwahl auf unsere Welt hat?

Mithilfe des Pflegeetiketts lassen sich ein paar Informationen über das T-Shirt beschaffen, aber besonders viele sind das nicht. Ein Beispiel: In dem auf dem Etikett angegebenen Land finden in einer Textilfabrik lediglich Zuschnitt, Näharbeiten und Verpackung statt. Es ist sehr unwahrscheinlich, dass es sich dabei auch um das Land handelt, in dem der Stoff gewebt und gefärbt wird. Auch die Baumwolle, aus der das T-Shirt hergestellt wurde, wächst nicht dort. Wenn wir dem Lebenszyklus eines einfachen T-Shirts folgen, werden wir anfangen zu verstehen, welche Auswirkungen ein solches Kleidungsstück auf die Umwelt hat …

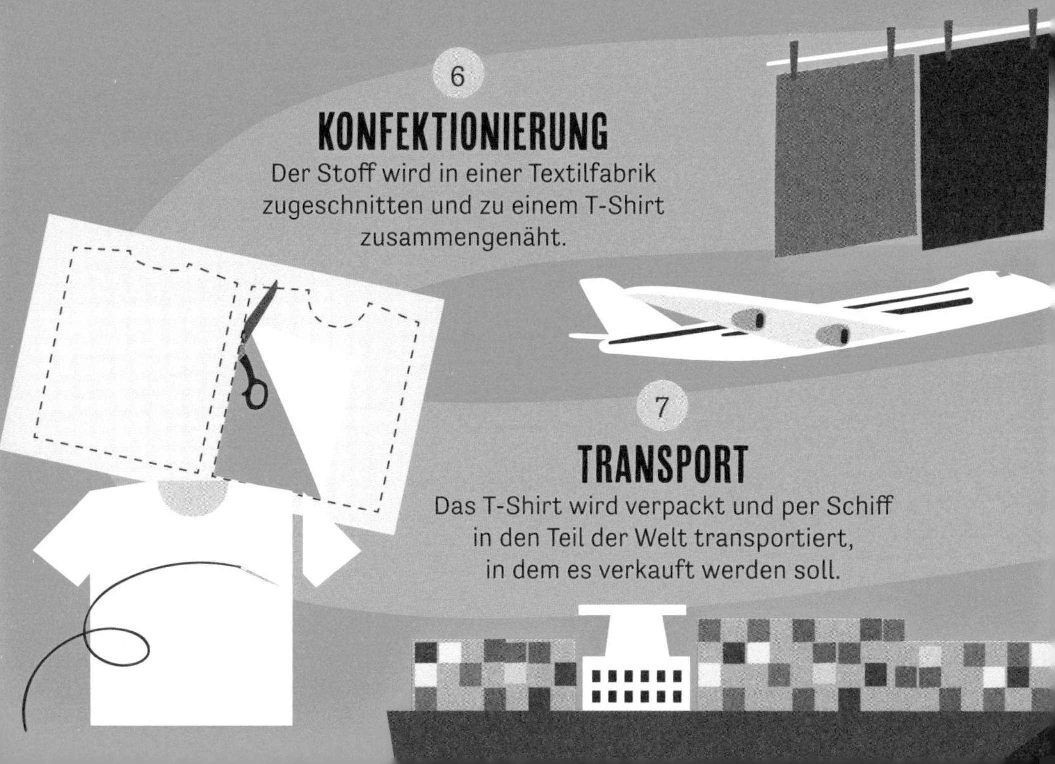

Begib dich auf die Reise …

1

ANBAU

Die Baumwollpflanze wird auf einer Plantage angebaut, wo ihre reifen Samenkapseln geerntet werden.

2

ENTKÖRNUNG

Der verholzte Stängel und die Samenkapsel werden mit einer Entkörnungsmaschine von den weichen Baumwollfasern getrennt.

3

SPINNEREI

Die Baumwollfasern werden in einer Spinnerei gereinigt, gelockert und zu Garnen gesponnen.

4

WEBEREI

Das Baumwollgarn wird in einer Textilfabrik auf Webstühlen zu Stoff gewoben.

5

FÄRBEREI

Der Baumwollstoff wird in einer Tuchfabrik gefärbt oder bedruckt.

8

VERKAUF

Das T-Shirt wird in die Läden geliefert.

9

GEBRAUCH

Du kaufst das T-Shirt, trägst und wäschst es.

Dieses Buch soll dir zeigen, wie du mit Kleidungsstücken umgehst, die du bereits gekauft hast oder noch kaufen wirst. Achtsame Entscheidungen können etwas bewirken.

FÜR DEN MÜLL PRODUZIERT

Du kaufst ein Kleidungsstück, und nachdem du es ein paarmal getragen und gewaschen hast, verblasst die Farbe, Nähte lösen sich auf, der Stoff fusselt, das Teil reißt, geht ein oder verzieht sich. Du bist sorgfältig mit dem Kleidungsstück umgegangen, aber es kann nicht mehr ausgebessert werden. Was ist schiefgelaufen?

Man nennt das »geplante Obsoleszenz«. Ein Produkt wird so entworfen, dass es schon nach kurzer Lebenszeit unbrauchbar wird. Auf diese Weise sorgen Unternehmen dafür, dass bestimmte Artikel immer wieder gekauft und schneller ersetzt werden.

SO ENTSTEHT EINE UNENDLICHE NACHFRAGE, DIE IN EINEM VERHEERENDEN ZYKLUS DAFÜR SORGT, DASS IMMER MEHR ROHSTOFFE ABGEBAUT WERDEN.

Fast Fashion (Wegwerfmode) gehört zu den schlimmsten Sünden. Einige Modemarken sparen bei der Fertigung und verwenden Stoffe minderer Qualität und billigere Verschlüsse, um die Kosten niedrig zu halten. In der Massenproduktion, bei der Menge wichtiger als Qualität ist, ist das allgemein üblich. Einige Unternehmen behaupten, dass ein Kleidungsstück nicht lange getragen werden muss, da Textilien, ähnlich wie Plastiktüten, Kaffeebecher oder Trinkhalme, Einwegartikel aus Plastik sein können ... aber wir wissen doch, welche Auswirkungen diese Produkte auf die Umwelt haben. Aktivisten sind der Meinung, dass geplante Obsoleszenz AUFHÖREN muss.

Wegwerf-Planet?

Wenn du dich ein bisschen umsiehst, wirst du feststellen, dass du von Gegenständen umgeben bist, bei denen nachweislich die Strategie der geplanten Obsoleszenz angewendet wird, vor allem Elektro- und Elektronikartikel. Das berühmteste Beispiel ist eine einfache Glühbirne – obwohl es möglich ist, Glühbirnen herzustellen, die nie durchbrennen, verwenden die Hersteller billigere Materialien, damit die Birnen nur etwa 1.500 Stunden brennen. Wir denken nicht darüber nach, wenn wir eine Glühbirne austauschen, weil sie relativ preiswert ist, aber es gibt andere Produkte, die erheblich teurer sind und ebenfalls schneller veralten, als sie müssten.

LANGSAME HANDYS

2018 wurde Apple in Frankreich verklagt, weil es seine älteren iPhones angeblich durch ein Software-Update langsamer machte, weshalb viele Nutzer neue Handys kauften. Apple verlor den Prozess und entschuldigte sich. Oft wird auch berichtet, dass Hersteller von Druckerpatronen Computerchips in ihre Produkte einbauen, damit der Drucker nach einer bestimmten Anzahl von Seiten meldet, dass die Patrone leer sei.

FAST FASHION

Pro Jahr werden schätzungsweise 100 Milliarden Textilteile hergestellt. Einigen Modemarken gelingt es sogar, ein Kleidungsstück innerhalb von 36 Stunden nach der Auftragserteilung an die Fabrik in die Läden zu bringen. Als *Fast Fashion* bezeichnet man den Teil der Modebranche, der sich auf billige Kleidung zum Wegwerfen spezialisiert hat, welche erschreckend schnell produziert und konsumiert wird. Das Kleidungsstück wird gekauft, ein- oder zweimal getragen und dann in den Müll geworfen.

Der Erfolg von *Fast Fashion* in westlichen Ländern führt trotz steigender Rohstoffkosten zu weiter sinkenden Verkaufspreisen für Textilien. Inzwischen liegen Kleidungsstücke in den Regalen, die weniger als ein Kaffee kosten. Dieser schnelle Warenumschlag geht zulasten der Menschen, die in der Textilindustrie arbeiten, von der Umwelt ganz zu schweigen.

Fast Fashion bedeutet, dass Kleidung am Fließband produziert wird und jede Näherin nur einen Teil eines T-Shirts bearbeitet. Die Frauen nähen den ganzen Tag lang nur Seitennähte oder setzen Ärmel an. Sie werden nie lernen, wie man ein ganzes T-Shirt anfertigt, und sind in den meisten Fällen überarbeitet und unterbezahlt.

Mode wird davon bestimmt, was gerade angesagt ist und was nicht, und nicht mehr länger von den beiden Saisons Frühling/Sommer und Herbst/Winter. Heute liegt jede Woche neue Ware in den Regalen. Die Geschwindigkeit, mit der Trends entstehen, bringt uns dazu, Kleidung als etwas Schnelllebiges zu sehen und sie nicht lange zu tragen. Das führt zu Überkonsum.

»Wahrgenommene Obsoleszenz« entsteht, wenn wir etwas, das wir besitzen, nicht mehr länger als stylish empfinden und glauben, dass das Teil aus der Mode gekommen ist, obwohl es nicht kaputt ist. Wir sind dann vielleicht der Meinung, dass wir ein Kleidungsstück nicht öfter als einmal tragen sollten, weil das von uns erwartet wird. Kleidung lässt sich rund um die Uhr und sieben Tage die Woche im Internet bestellen, daher herrscht immer Nachfrage. Und der Verbraucher hat keine Ruhe.

Denk einmal darüber nach, wie oft die Hersteller von Sportschuhen neue Farben oder Styles von ein und demselben Produkt herausbringen, weil sie wissen, dass wir immer das neueste Modell haben wollen.

BIST DU EINE BEWUSSTE KONSUMENTIN?

Manche Leute gehen gerne einkaufen, manche nicht, aber irgendwann im Leben kaufen und konsumieren wir alle etwas. Eine bewusste Konsumentin weiß, dass es sich positiv oder negativ auf andere Menschen oder die Umwelt auswirken kann, wenn sie Geld ausgibt. Egal, ob wir etwas von einem unabhängigen Designer in unserer Nähe kaufen oder etwas, das aus recycelten Materialien hergestellt wurde, als Konsumenten haben wir Macht, und diese Macht sollten wir nutzen.

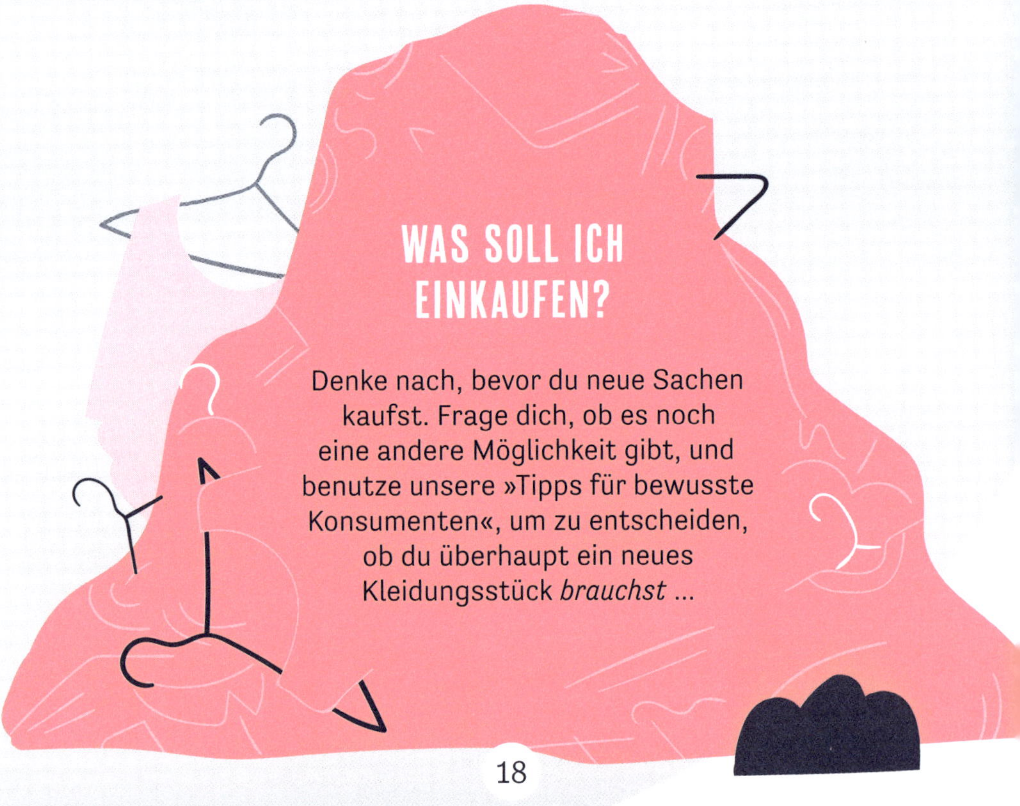

WAS SOLL ICH EINKAUFEN?

Denke nach, bevor du neue Sachen kaufst. Frage dich, ob es noch eine andere Möglichkeit gibt, und benutze unsere »Tipps für bewusste Konsumenten«, um zu entscheiden, ob du überhaupt ein neues Kleidungsstück *brauchst* ...

TIPPS FÜR BEWUSSTE KONSUMENTEN

1

TRAGE, WAS DU HAST – S. 22

Wirf einen Blick in deinen Kleiderschrank. Vielleicht entdeckst du ein paar verborgene Schätze, die du bereits besitzt.

2

AUS WENIG MACH VIEL – S. 40

Tausche Kleidung mit Freunden, Familie und anderen Menschen bei dir im Ort. Finde heraus, welche verborgenen Schätze bei ihnen schlummern.

3

TRAGE KLEIDUNG VON ANDEREN – S. 58

Kaufe deine Sachen auf privaten oder öffentlichen Flohmärkten, auf Auktionsplattformen, in einer Vintage-Boutique oder einem Secondhandladen.

4

NEU FÜR DICH – S. 70

Selbst nähen, besticken, umfunktionieren, umstylen, ausbessern, ändern und anpassen. Hier ist deine Kreativität gefragt!

5

GANZ NEU – S. 86

Keine unserer Ideen hilft dir weiter? Kaufe etwas Neues, aber entscheide bewusst.

ACHTSAMES EINKAUFEN

Dieses Diagramm soll dir dabei helfen, achtsam zu sein, wenn du Kleidung kaufst. Es zeigt dir eine langsamere und bewusstere Möglichkeit des Einkaufens, sodass du ethisch richtige Entscheidungen treffen kannst.

HIER GEHTS LOS!

Findest du das Teil TOLL?

JA → Passt es dir?

NEIN → Brauchst du es?

Brauchst du es?

JA → Manchmal müssen wir Sachen kaufen, die wir jeden Tag brauchen und die eher praktischer Natur sind, z.B. Sportkleidung oder Socken. Achte darauf, dass du sehr gute Qualität kaufst, damit sie lange halten. → Passt es dir?

NEIN → **Kauf es nicht!** Warum überlegst du eigentlich?

Passt es dir?

JA → Hast du schon etwas Ähnliches?

NEIN → **Kauf es nicht!** Wenn du nicht die Zeit und das Geschick hast, das Teil zu ändern, lass es liegen! Du findest sicher noch etwas anderes, das dir genauso gut gefällt.

Hast du schon etwas Ähnliches?

JA → **Kauf es nicht!** Lass das Teil liegen, es sei denn, das Kleidungsstück, das du schon hast, ist abgetragen und kann nicht ausgebessert werden.

NEIN → Kannst du es dir leisten?

Kannst du es dir leisten?

JA → Wirst du es mehr als dreißigmal tragen?

NEIN → Wirst du es voraussichtlich nur ein einziges Mal tragen?

Wirst du es mehr als dreißigmal tragen?

JA → Hat es eine gute Qualität?

NEIN → Wirst du es voraussichtlich nur ein einziges Mal tragen?

Hat es eine gute Qualität?

Wirst du es voraussichtlich nur ein einziges Mal tragen?

DAS MATERIAL ZÄHLT

siehe Seite 104

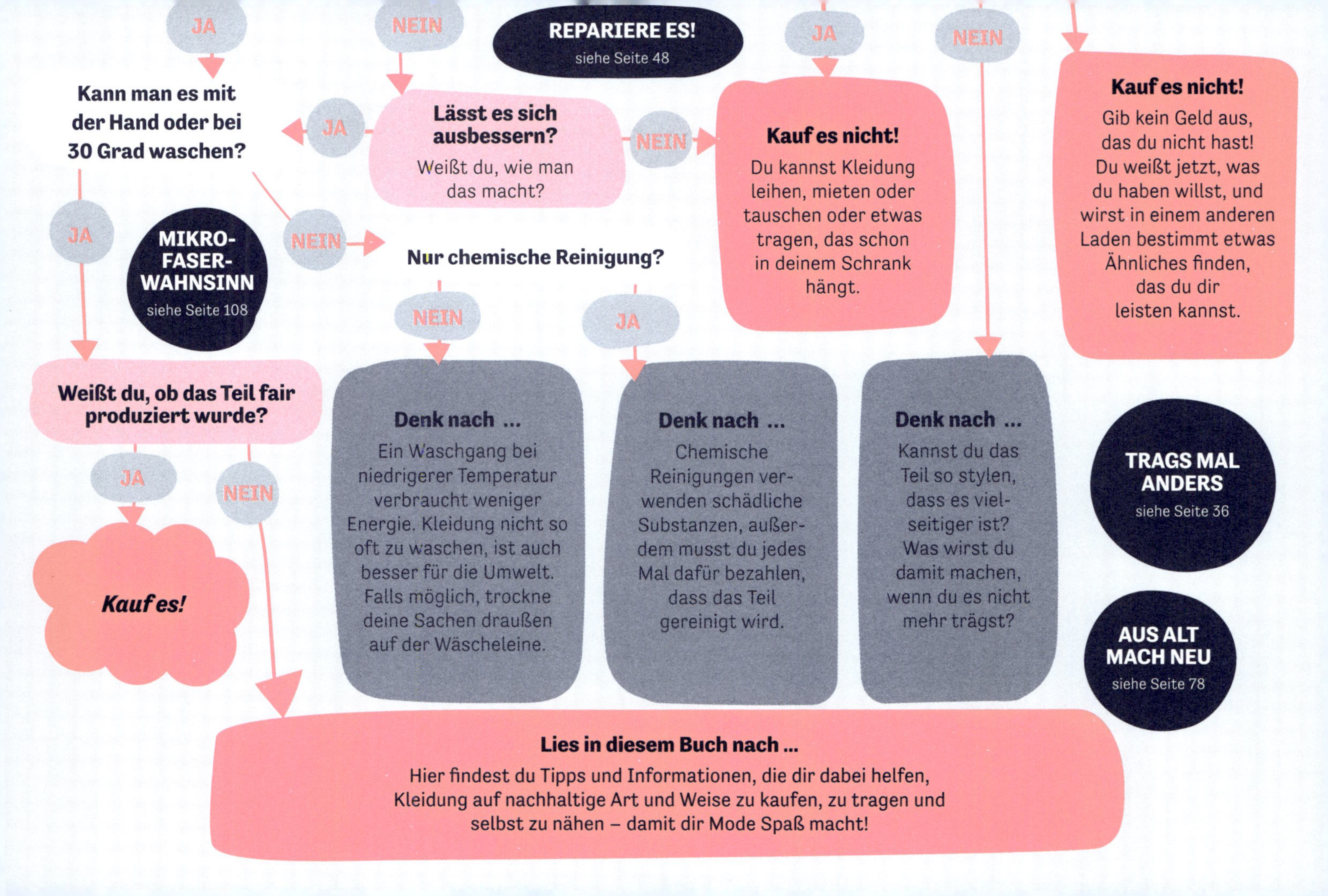
JA
NEIN
REPARIERE ES!
siehe Seite 48
JA
NEIN
Kann man es mit der Hand oder bei 30 Grad waschen?
JA
Lässt es sich ausbessern?
Weißt du, wie man das macht?
NEIN
Kauf es nicht!
Du kannst Kleidung leihen, mieten oder tauschen oder etwas tragen, das schon in deinem Schrank hängt.
Kauf es nicht!
Gib kein Geld aus, das du nicht hast! Du weißt jetzt, was du haben willst, und wirst in einem anderen Laden bestimmt etwas Ähnliches finden, das du dir leisten kannst.
JA
MIKRO-FASER-WAHNSINN
siehe Seite 108
NEIN
Nur chemische Reinigung?
NEIN
JA
Weißt du, ob das Teil fair produziert wurde?
Denk nach …
Ein Waschgang bei niedrigerer Temperatur verbraucht weniger Energie. Kleidung nicht so oft zu waschen, ist auch besser für die Umwelt. Falls möglich, trockne deine Sachen draußen auf der Wäscheleine.
Denk nach …
Chemische Reinigungen verwenden schädliche Substanzen, außerdem musst du jedes Mal dafür bezahlen, dass das Teil gereinigt wird.
Denk nach …
Kannst du das Teil so stylen, dass es vielseitiger ist? Was wirst du damit machen, wenn du es nicht mehr trägst?
TRAGS MAL ANDERS
siehe Seite 36
JA
NEIN
Kauf es!
AUS ALT MACH NEU
siehe Seite 78
Lies in diesem Buch nach …
Hier findest du Tipps und Informationen, die dir dabei helfen, Kleidung auf nachhaltige Art und Weise zu kaufen, zu tragen und selbst zu nähen – damit dir Mode Spaß macht!

ERSTER TEIL

TRAGE, WAS DU HAST

Weißt du, welches Kleidungsstück das nachhaltigste ist? Das Teil, das du schon hast! Nichts zu kaufen ist das Beste für die Umwelt, jetzt und in Zukunft (und deinem Konto tut es auch gut).

Um die Kleidung herzustellen, die bei uns im Schrank hängt, wurden gewaltige Mengen an Energie, Wasser, Bodenressourcen und Chemikalien verbraucht. Laut dem britischen Programm *Sustainable Clothing Action Plan* (SCAP) wäre der CO_2-, Wasser- und Abfall-Fußabdruck von Textilien schon dann 20 bis 30 Prozent kleiner, wenn sie nur neun Monate länger getragen werden würden. Wenn wir das anziehen, was wir bereits besitzen, und nichts Neues kaufen, können wir das Problem der Wegwerfmode lösen. Wir können den übermäßigen Verbrauch der kostbaren, nicht erneuerbaren Ressourcen verhindern – und unnötigen Abfall reduzieren.

HAST DU GEWUSST, DASS IN EINEM KLEIDERSCHRANK DURCHSCHNITTLICH 150 TEILE HÄNGEN?

Ein Drittel dieser Kleidungsstücke wurde seit einem Jahr nicht mehr getragen. Und was ist mit den Sachen, die wir anschaffen und kein einziges Mal tragen? Viele von uns kaufen etwas, das sie nicht wirklich brauchen, um sich aufzumuntern oder sich für etwas zu belohnen. Wir haben alle schon einmal ein Teil im Sale mitgenommen, weil es ein supergünstiges Angebot war, oder etwas gekauft, das nicht passt, weil wir hoffen, dass wir irgendwann einmal die Figur dafür haben werden. Diese Kleidungsstücke, an denen noch die Verkaufsetiketten baumeln, hängen dann ganz hinten in unserem Schrank, so lange, bis wir zugeben, dass wir sie nie tragen werden, und sie an jemand anderen weitergeben.

In diesem Teil unseres Buches beschäftigen wir uns mit den Untiefen deines Kleiderschranks, damit du aus dem, was du schon hast, das Beste rausholen kannst …

RAUS DAMIT

Gründliches Aussortieren des Kleiderschranks ist die Grundlage für eine nachhaltigere Zusammenstellung von Kleidungsstücken. Du behältst die Sachen, die du toll findest, und gibst den Sachen, von denen du nicht so begeistert bist, die Chance auf ein neues Leben.

Tipps zum Aussortieren deiner Kleidung:

- Lass dir Zeit! Und achte darauf, dass du genug Platz hast. Bevor du Ordnung schaffen kannst, musst du zuerst Chaos anrichten.
- Lade zur Unterstützung eine Freundin ein. Sie wird dir dabei helfen, Fehlkäufe auszusortieren, und dich daran erinnern, bei deinen Entscheidungen ehrlich zu dir selbst zu sein.
- Die Ordnungs-Queen Marie Kondo empfiehlt, alle Kleidungsstücke auf einen großen Haufen zu legen, damit du siehst, womit du es zu tun hast. Mit »alle« sind auch die Sachen gemeint, die sich unter deinem Bett verstecken oder die gerade im Wäschekorb liegen.
- Jetzt kannst du etwas über dein Kaufverhalten herausfinden. Dir ist vielleicht gar nicht bewusst, dass du zwanzig Jeans, zehn gestreifte T-Shirts oder ausschließlich blaue Sachen hast. Und vielleicht entdeckst du sogar ein paar in Vergessenheit geratene Teile!
- Probiere alles an, was auf dem Haufen liegt! Was passt noch?
- Bilde einen »Ja«- und einen »Nein«-Stapel. Die »Jas« werden ordentlich gefaltet oder aufgehängt. Was du mit den »Neins« machen kannst, erfährst du auf Seite 26.

OUTFITS

Beim Ausmisten deines Kleiderschranks kannst du ganz neue Kombinationsmöglichkeiten für deine Sachen entdecken. Sortiere deine Kleidungsstücke nach Farbe oder Typ, dann lassen sich neue Outfits einfacher zusammenstellen. Oder hänge die Teile für bereits bewährte Outfits zusammen, dann musst du vor dem Anziehen nicht mehr lange überlegen.

Denk dran:

Kleidungsstücke, die du seit über einem Jahr nicht getragen hast oder die kein Glücksgefühl in dir auslösen, solltest du aussortieren. Sei ehrlich, wenn es darum geht, wie oft du etwas anziehst. Wir entwickeln häufig eine emotionale Verbundenheit mit Kleidung, weshalb das Aussortieren schwerfallen kann, aber sei stark! An praktischer Kleidung wie Sportsachen oder Socken hängt unser Herz nicht so, aber wenn du die Teile regelmäßig benutzt, dürfen sie in deinem Kleiderschrank bleiben. Outfits für besondere Anlässe solltest du behalten, dann musst du dir nichts Neues kaufen, wenn mal wieder eine Feierlichkeit ansteht.

DENK NACH, BEVOR DU ETWAS WEGWIRFST

Nachdem du deinen Kleiderschrank ausgemistet hast, bleiben nur Sachen übrig, die du sicher weiter tragen willst. Aber was machst du mit dem Rest? Solltest du die Teile spenden, verkaufen oder in den Altkleidercontainer werfen? Diese Anleitung wird dir bei der Entscheidung helfen ...

Gefällt es dir noch?

Passt es dir?

Ist gerade die richtige Saison dafür?

Behalte es!

Bewahre es auf!
Wasche es und bewahre es auf, damit du es anziehen kannst, wenn die richtige Jahreszeit kommt.

Brauchst du es?
Vielleicht ist es etwas Praktisches und begeistert dich nicht sonderlich, aber du brauchst es für besondere Anlässe oder Aufgaben (z.B. Schul- oder Sportkleidung). Oder es gehört zu deiner Grundausstattung und ist Teil verschiedener Outfits.

Behalte es!

Kannst du es ändern?

Hängt dein Herz dran?

Gib es weiter!
Wenn du das Teil nicht mehr anziehen willst, es aber noch in einem guten, tragbaren Zustand ist, kannst du es an Freunde oder Familienangehörige verschenken, tauschen, verkaufen oder in den Altkleidercontainer werfen.

Bewahre es auf!
Behalte es! Aber wenn du es in den nächsten zwölf Monaten nicht trägst, solltest du noch einmal darüber nachdenken und dich vielleicht dafür entscheiden, das Teil weiterzugeben.

FÄRBE ES!
siehe Seite 82

SAUM ÄNDERN
siehe Seite 68

GEMEINNÜTZIGE SECONDHANDLÄDEN
siehe Seite 30

HIER GEHTS LOS!

Ist das Teil in einem guten Zustand?

Sind alle Knöpfe vorhanden, funktioniert der Reißverschluss? Hat das Teil Löcher, Flecken, Risse oder aufgetrennte Säume? Ist der Stoff durchgescheuert oder haben sich auf der Oberfläche des Stoffs Knötchen gebildet (Pilling)? Kann man das Kleidungsstück noch tragen?

NEIN

Kannst du es ausbessern?

Schau dir an, wie schlimm der Schaden ist, und mach dich an die Arbeit. Wo liegt das Problem?

FLECKEN

PILLING

AUSGELEIERT

FEHLENDE KNÖPFE, RISSE, KAPUTTER REISSVERSCHLUSS ODER LÖCHER

Kannst du kreativ werden und den Fleck verstecken?

NEIN

JA

LOS GEHTS!

siehe Seite 80

Bessere es aus!

Beim Waschen und Tragen können sich kleine Knötchen auf dem Stoff bilden. Manche Stoffe neigen stärker zum Pilling als andere. Mit einem elektrischen Fusselrasierer oder Klebeband kannst du die Knötchen entfernen.

Kannst du nähen?

Einfache Reparaturen (Knöpfe annähen, Löcher stopfen oder gerissene Nähte schließen) lassen sich selbst mit geringen Nähkenntnissen erledigen.

NEIN

JA

KNÖPFE ANNÄHEN

siehe Seite 66

Besteht das Teil zu mindestens 50% aus Naturfasern?

JA

NEIN

Könnte es jemand anderes tragen?

Wenn das Teil die Form verloren hat und an dir nicht mehr gut aussieht: Könnte es jemand anderem passen?

NEIN

JA

REPARIERE ES!

siehe Seite 48

ERSTE HILFE

siehe Seite 48

Recycle es!

Wirf es in den Altkleidercontainer oder finde im Internet heraus, ob es eine Kleiderkammer oder einen gemeinnützigen Secondhandladen in deiner Nähe gibt. Aus deinem Kleidungsstück kann man z.B. Füllmaterial für Autositze, Putzlappen für die Industrie oder Isoliermaterial machen. Oder du recycelst es selbst und benutzt es als Stoff für Bastelprojekte, füllst Kissen damit oder verwendest es als Putzlappen.

TAUSCHE ES!

siehe Seite 60

Kann es jemand anderes ausbessern?

Du könntest das Teil zu einer Änderungsschneiderei oder in ein Repair-Café bringen.

JA

NEIN

VERKAUFE DEINE KLEIDUNG

Gib deinen ungewollten, ungeliebten, ungetragenen Sachen die Chance auf ein neues Leben und verdiene auch noch Geld damit! Befolge diese einfachen Schritte, es sind nur noch ein paar Klicks bis zu einer internationalen Verkaufsplattform.

1 FINDE DIE RICHTIGE PLATTFORM FÜR DICH

Es gibt jede Menge Websites zum Verkaufen von Kleidung. Am Ende dieses Buchs haben wir die besten für dich zusammengestellt (siehe Seite 148). Auf einigen dieser Portale lassen sich bestimmte Kleidungsstücke und Marken besser verkaufen als auf anderen. Finde heraus, welches am besten zu dir und deinem Produkt passt. Außerdem brauchst du die Erlaubnis deiner Eltern bzw. eines Erziehungsberechtigten, um einen Account einzurichten. Und achte auf die Provision – das ist die Gebühr, die die Plattform einbehält. Im Durchschnitt werden zehn Prozent berechnet – wenn du etwas für zwanzig Euro verkaufst, bekommt das Portal also zwei Euro und du achtzehn.

2 WASCHE UND BÜGLE DIE KLEIDUNGSSTÜCKE, BEVOR DU SIE VERKAUFST

Präsentiere deine Kleidungsstücke im bestmöglichen Zustand. Das bedeutet: keine Flecken, keine Falten, keine bösen Überraschungen! Verkaufe nur Sachen, von denen du glaubst, dass jemand Geld bezahlen würde, um sie tragen zu können.

3 MACHE MÖGLICHST GUTE FOTOS

Dein Kunde kann den Stoff nicht anfassen und den Artikel nicht anprobieren, bevor er ihn kauft, daher musst du Bilder von dem Kleidungsstück machen. Und dazu bedarf es deines fotografischen Geschicks. Wenn möglich, solltest du mit einem Model arbeiten, damit dein Kunde sich vorstellen kann, wie das Teil getragen aussieht. Oder du legst es flach auf eine neutrale Fläche und machst eine Aufnahme von oben. Eine Lampe an der richtigen Stelle verhindert Schatten auf den Bildern. Fotografiere aus unterschiedlichen Winkeln und achte auf einen ordentlichen Hintergrund. Mache Nahaufnahmen von möglichen Mängeln, damit es nicht zu Missverständnissen oder sogar Streit kommt.

4 AUF DIE DETAILS KOMMTS AN

Sei präzise und ehrlich. Nenne Marke, Größe, Farbe und Zustand im Produkttitel, damit das Kleidungsstück leicht zu finden ist, und beschreibe es. Als Verkäuferin ist ein guter Ruf wichtig, beschreibe Mängel daher offen, z.B. wenn etwas für die angegebene Größe zu klein ausfällt. Nenne aber auf jeden Fall auch positive Dinge.

5 VERSANDKOSTEN

Lass dir immer einen Einlieferungsnachweis geben, auch wenn du dein Päckchen ohne Sendungsverfolgung verschickst oder der Empfänger bei der Paketannahme nicht unterschreiben muss. Bei vielen Plattformen kannst du die Versandkosten getrennt aufführen, aber wenn es diese Option nicht gibt, musst du diese Kosten auf deinen Endpreis aufschlagen. Wiege den Artikel und rechne dir aus, wie viel der Versand kosten wird.

6 ATTRAKTIVE PREISE

Mache deine Hausaufgaben und finde heraus, zu welchem Preis ähnliche Artikel verkauft wurden. Dein Preis sollte weder zu hoch noch zu niedrig sein. Behalte die Konkurrenz im Auge und überlege dir, was ein fairer Preis wäre. Je nach Plattform kannst du deine Sachen zu einem festen Preis verkaufen, eine Auktion starten oder den Käufer einladen, ein Angebot abzugeben. Wenn sich dein Artikel nicht verkauft, kannst du den Preis senken, die Beschreibung ändern oder neue Fotos hochladen.

Einige Anbieter holen die Kleidungsstücke ab und fotografieren und verkaufen sie für dich, sodass du keine Arbeit damit hast. Aber informiere dich vorher, welche Gebühren dafür anfallen!

GEMEINNÜTZIGE SECONDHANDLÄDEN

Gemeinnützige Secondhandläden verkaufen getragene Kleidung und Accessoires. Damit verhindern sie nicht nur, dass Textilien auf der Müllhalde landen, die noch getragen werden können, sondern generieren auch noch Geld für einen guten Zweck. Sie sind das perfekte Beispiel für ein zirkuläres Wirtschaftssystem, in dem Wiederverwendung einen höheren Stellenwert als Recycling hat (siehe Seite 114).

Secondhandläden dieser Art sind auf Spenden von getragener Kleidung in guter Qualität angewiesen, zunehmend erhalten sie aber auch Lagerbestände der Modebranche. Dabei handelt es sich meist um »totes Inventar« – Restware früherer Saisons, die sich nicht verkauft hat – oder »zweite Wahl« – Kleidung mit Mängeln. Zu dieser Entwicklung kam es, da bekannte Modemarken in der Vergangenheit in die Schlagzeilen geraten sind, weil sie solche Textilien verbrannt oder auf andere Art unbrauchbar gemacht haben. Um ihr Image wieder zu verbessern, haben sie sich dafür entschieden, diese Artikel zu spenden.

Das erscheint auf den ersten Blick zwar großzügig, aber in den letzten Jahren sind gemeinnützige Secondhandläden dadurch zu einer Art Textilien-Müllhalde geworden. Sie wurden mit billiger *Fast Fashion*, die niemand gebraucht tragen will, und unverkäuflicher Ware, die von vornherein niemand tragen wollte, überschwemmt. Jetzt sind sie gezwungen, diese Textilien verantwortungsbewusst zu entsorgen.

Gemeinnützige Organisationen verkaufen liegen gebliebene Ware häufig an Altkleiderhändler oder Recyclingbetriebe. Was diese damit machen, unterscheidet sich von Unternehmen zu Unternehmen, die Textilien werden beispielsweise ins Ausland verschickt oder recycelt. Es lohnt sich, nachzufragen, was mit deiner Kleiderspende passiert – denn das Ende der Lieferkette ist genauso wichtig wie der Anfang.

Immer mehr Modemarken haben eigene Sammelprogramme gestartet und bitten ihre Kunden, nicht mehr benötigte Kleidung in den Läden abzugeben. Für sie ist das eine einfache Möglichkeit, ihre Nachhaltigkeitsziele zu erreichen und Kunden anzusprechen, die möchten, dass ihre Lieblingsmarken umweltbewusster werden. Die Unternehmen versprechen, zur Abfallreduzierung beizutragen, und einige recyceln Kleiderspenden und machen neue Produkte daraus, was ein Schritt in die richtige Richtung ist. Allerdings bekommt man bei vielen Marken als Anreiz für die Abgabe nicht mehr genutzter Kleidung Gutscheine für den Kauf von etwas Neuem. Ökologisch gesehen ist das eigentlich kontraproduktiv und macht den positiven Effekt zunichte, den es hat, wenn wir unsere Kleidung so häufig und so lange wie möglich tragen.

SO VIEL MÜLL

Allein im Vereinigten Königreich werden jedes Jahr über eine Million Tonnen Textilien weggeworfen, davon enden 300.000 Tonnen (das entspricht Kleidung im Wert von etwa 155 Millionen Euro) auf Mülldeponien. In den Vereinigten Staaten landen gigantische fünfzehn Millionen Tonnen im Müll, wovon lediglich fünfzehn Prozent wiederverwendet oder recycelt werden, während der Rest vergraben oder verbrannt wird …

Je nachdem wo du wohnst, wird Kleidung, die du in den Hausmüll wirfst, zu einer Deponie gebracht oder verbrannt. Beides ist schlecht für die Umwelt. Wenn sich Textilien auf einer Mülldeponie zersetzen, geben aus Naturfasern bestehende Teile Methan ab, ein Treibhausgas, das zum Klimawandel beiträgt. Bei der Verbrennung gehen die Wertstoffe in den Kleidungsstücken für immer verloren.

Kleiderspenden an eine gemeinnützige Organisation sind großartig, aber einige dieser Organisationen werden mit Textilien überschwemmt, die qualitativ so schlecht sind, dass sie in den Läden nicht verkauft werden können. Sie werden tonnenweise an Recyclingbetriebe oder Großhändler weitergegeben, die sie nach Osteuropa oder in afrikanische Länder verschiffen, wo sie auf Märkten für Gebrauchtkleidung verkauft werden. Wälzen wir damit unsere Probleme mit Müll und Überkonsum einfach nur auf andere Regionen der Welt ab, damit wir weiter einkaufen können? Und was machen wir, wenn die betroffenen Länder die Einfuhr von minderwertigen Textilien verbieten?

Schätzungen zufolge hätten 95% der Textilien, die im Vereinigten Königreich im Müll landen, wiederverwendet oder recycelt werden können.

Selbst Kleidungsstücke, die so stark beschädigt sind, dass sie nicht mehr repariert werden können, sollten nicht in die Mülltonne wandern. Finde heraus, ob es bei dir in der Nähe einen Betrieb für Textilrecycling gibt. Kleidung, die dort hingebracht wird, kann zu Putzlappen oder Isoliermaterial für die Bauindustrie verarbeitet werden (»Downcycling«), was erheblich besser ist, als sie einfach zu verbrennen oder in einer Mülldeponie zu vergraben. Genau genommen zögert man damit das unausweichliche Ende der Lebensdauer eines Kleidungsstücks nur hinaus, aber so kann es wenigstens noch einen weiteren Zweck erfüllen.

Dreißigmal?

Wir haben nur eine Erde und ihre Ressourcen sind nicht erneuerbar. Laut dem WWF nutzen wir die Ressourcen der Erde zurzeit so, als hätten wir 1,7 Erden zur Verfügung. Das bedeutet, dass wir keine Reserven für die Zukunft haben. Ein Kleidungsstück wird zum Beispiel durchschnittlich weniger als zehnmal getragen, bevor es weggeworfen wird. Für mehr Nachhaltigkeit solltest du deshalb eine Dreißigmal-tragen-Challenge starten: Trage ein Teil mindestens dreißigmal, um es länger zu nutzen und seine Auswirkung auf die Umwelt zu reduzieren.

MODEFOSSILIEN

Wirf einen Blick auf das Pflegeetikett des Kleidungsstücks, das du gerade trägst. Woraus besteht es? Baumwolle? Lycra? Viskose? Wolle? Es wird dich vielleicht überraschen, aber wenn das Teil in einer Mülldeponie vergraben wird, zersetzen sich manche Fasern und Materialien schneller als andere. Graben wir ein bisschen tiefer, dann wirst du verstehen, warum das so ist.

MODEARCHÄOLOGIE

Auf der Zeitleiste kannst du sehen, wie lange Kleidungsstücke brauchen, um sich aufzulösen. Die Angaben sind Schätzungen, da der Zersetzungsprozess vom pH-Wert des Bodens, von der Temperatur und vom Feuchtigkeits-, Sauerstoff- und Bakteriengehalt beeinflusst wird. Auf Mülldeponien herrschen oft Bedingungen, die eine vollständige Zersetzung der Materialien verhindern. Unser Abfall wird zusammengepresst und bleibt dadurch für künftige Generationen erhalten, die sich damit herumschlagen müssen, während gleichzeitig gefährliche Chemikalien ins Erdreich und schädliche Gase in die Atmosphäre gelangen.

Lang lebe deine Kleidung!

Hole ein paar deiner Lieblingssachen aus dem Kleiderschrank, wirf einen Blick auf ihre Pflegeetiketten und sortiere sie dann danach, wie lange sie laut unserer Übersicht brauchen, um sich zu zersetzen. Überrascht es dich, dass einige der Teile unglaublich lange brauchen, um biologisch abgebaut zu werden – wenn es überhaupt gelingt? Welche Folgen könnte dies für die Umwelt haben?

Moment! Sieh dir auch eventuell vorhandene Verschlüsse, Etiketten, Fäden, Aufdrucke und Verzierungen der Kleidungsstücke genauer an. Werden Plastikpailletten, Knöpfe oder Reißverschlüsse aus Metall die Auflösung beschleunigen oder verlangsamen? Glaubst du, der Designer hat daran gedacht, dass seine Kreation ihn überdauern oder vielleicht eines Tages irgendwo im Boden vergraben wird?

Im Vereinigten Königreich werden jedes Jahr 350.000 Tonnen Textilien weggeworfen – so viel wiegen auch alle Kleidungsstücke, die die Einwohner Londons besitzen.

ETWA 30–40 JAHRE
Nylonstrumpfhose

200 JAHRE
Shorts aus Lycra

ÜBER 200 JAHRE
Kleid aus Polyester

TRAGS MAL ANDERS

Wenn Kleidungsstücke mehr als eine Funktion haben, können wir sie öfter tragen und länger behalten. Alice Wilby, Stylistin und Expertin für nachhaltige Mode, verrät uns ihre zehn besten Styling-Tipps. Damit werden die Teile, die schon in deinem Kleiderschrank hängen, erheblich vielseitiger.

1 KOMBINIERE SPORTLICHE UND ELEGANTE TEILE

Trage ein Jeanshemd zu einem eleganten Rock oder einer Smokinghose, wenn du schick ausgehst. Oder ziehe Sportschuhe zu dem Kleid an, das du nur einmal auf einer Hochzeit getragen hast.

2 WERDE KREATIV ...

... und mache aus einem Oversize-Hemd einen Rock. Lass die obersten Knöpfe offen, steige hinein und verknote die Ärmel in der Taille wie einen Gürtel. Das funktioniert auch gut bei Pullovern mit Reißverschlusskragen. Leih dir einen von deinem Vater!

3 TRAGE EINEN ROCK ÜBER HOSEN

Das sieht man häufig auf dem Laufsteg bei großen Modenschauen, aber es sieht viel cooler aus, wenn du es selbst probierst. Formen- und Materialmix sind hier entscheidend. Miniröcke in A-Linie und Hosen mit ausgestellten Beinen passen hervorragend zusammen.

4 TRAGE EIN HEMD ALS JACKE

Ein dickes Flanell- oder Jeanshemd eignet sich sehr gut als Sommerjacke. Oversized und mit aufgerollten Ärmeln sieht es auch gut aus.

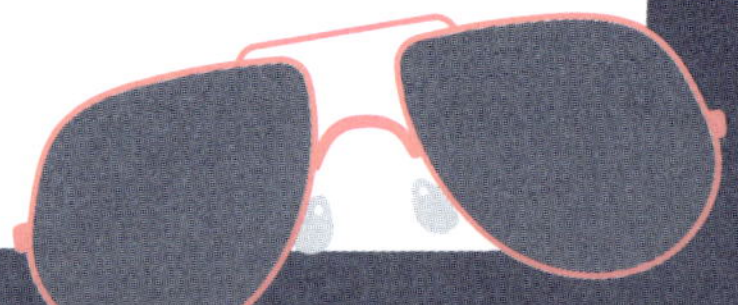

5 TRAGE ZWIEBELLOOK

Versuch es mal mit mehreren Schichten. Trage ein T-Shirt unter einem Kleid mit Spaghettiträgern oder einen Kurzpulli über einer langen Bluse und darüber einen extralangen Mantel. Auch ein Rollkragenpulli unter einer Bluse funktioniert gut. Das Spiel mit mehreren Schichten peppt deine Outfits auf und hilft dir auch dabei, unterschiedliche Looks zu stylen.

6 WILDER MUSTERMIX

Ignoriere die Regel, dass man immer nur ein Muster tragen sollte. Kombiniere Teile aus deinem Kleiderschrank miteinander, die du normalerweise mit einem einfarbigen Ober- oder Unterteil tragen würdest.

7 SPIELE MIT FARBE UND STRUKTUR

Wie beim Zwiebellook und Muster-Mix kannst du völlig neue Outfits kreieren, wenn du mit verschiedenen Farben und Strukturen spielst.

8 PLÜNDERE DIE KLEIDERSCHRÄNKE VON FREUNDEN

Inzwischen haben viele Marken einen Unisex-Look und einige haben sogar angefangen, geschlechtsneutrale Kollektionen auf den Markt zu bringen. Aber dafür musst du kein Geld ausgeben. Leih dir einfach etwas aus dem Kleiderschrank von Freunden (vorher natürlich fragen!) und style dich ohne Rücksicht auf Gender-Regeln.

9 ACCESSOIRES VERÄNDERN ALLES

Trage einen Seidenschal als Gürtel. Kleistere die Aufschläge deiner Jacke mit Broschen und Abzeichen zu. Oder ersetze die Gürtel von Mänteln oder Kleidern, die zu dem Kleidungsstück gehören, durch welche in einer Kontrastfarbe oder einer anderen Struktur.

10 FOTOGRAFIERE ...

... jedes gelungene Outfit, das du selbst gestylt hast, und lege dir eine Fotodatenbank an. So etwas ist sehr praktisch, wenn du in Eile bist oder vergessen hast, was in deinem Kleiderschrank hängt.

PFLEGE DEINE KLEIDUNG

Immer mehr Menschen nehmen sich vor, einen Monat oder sogar ein Jahr lang nichts Neues zu kaufen. Das spart Geld und hat außerdem den Vorteil, dass wir uns besser auf die Sachen konzentrieren können, die wir bereits besitzen, und darauf, wie wir sie pflegen. Wenn wir unseren Konsum begrenzen und unseren ökologischen Fußabdruck reduzieren wollen, müssen wir lernen, uns richtig um unsere Kleidung zu kümmern. Die tägliche Pflege mag zwar nichts Glamouröses an sich haben, aber sie sorgt dafür, dass es deinen Sachen gut geht.

TIPPS ZUR PFLEGE DEINER SACHEN:

RICHTIGE AUFBEWAHRUNG

- Wasche deine Sommer- bzw. Winterkleidung nach der Saison und lagere sie dann ein, um Platz für die Sachen zu schaffen, die du gerade trägst.
- Falte Kleidungsstücke immer entlang der Nähte, um Falten und Verschleiß zu verhindern.
- Benutze keine Vakuumbeutel aus Plastik (auch wenn sie natürlich platzsparend sind).
- Schlage empfindliche Kleidungsstücke in säurefreiem Papier ein oder lagere sie in alten Kissenbezügen aus Baumwolle, damit sie atmen können.
- Lagere Kleidung so, dass sie nicht feucht wird und keiner direkten Sonneneinstrahlung oder Hitze ausgesetzt ist.
- Benutze keine Kleiderbügel aus Draht, da sie deine Kleidungsstücke beschädigen können, und hänge Stricksachen nie auf.
- Lerne wenigstens ein bisschen nähen. Im nächsten Teil dieses Buchs werden die Grundlagen erklärt!

FRISCH AUS DEM GEFRIERSCHRANK

- Anstatt Jeans zu waschen, kannst du sie auch ein paar Tage ins Tiefkühlfach legen.
- Mottenbefall bekämpfst du, indem du Stricksachen wäschst, in einer Tüte verpackst und für zwei Wochen in den Gefrierschrank legst. Das tötet die Larven ab, die sich durch den Stoff fressen und Löcher verursachen. (Das solltest du immer tun, bevor du Stricksachen längere Zeit einlagerst.)

Restauratoren in Museen bewahren Kleidungsstücke bei Temperaturen zwischen 18 und 23 Grad auf.

WASCH-BASICS

- Wasche deine Sachen nicht so oft, damit ihre Qualität nicht leidet (siehe auch Seite 108).
- Wasche ähnliche Farben zusammen und Jeans auf links gedreht, damit sie keine Farbe verlieren.
- Wasche Vintage-Teile, Wollsachen und Feinwäsche behutsam mit der Hand.
- Achte darauf, dass Reißverschlüsse geschlossen und Taschen leer sind, bevor du die Sachen wäschst.
- Versorge Leder regelmäßig mit Feuchtigkeit und Pflege, damit es keine Risse bekommt.
- Knötchen auf dem Stoff kannst du mit einem elektrischen Fusselrasierer entfernen, dann sieht das Gewebe gleich besser aus.
- Feinwäsche und Stricksachen werden am besten flach auf einem Handtuch getrocknet und behutsam wieder in Form gezogen.
- Zerknitterte Kleidungsstücke kannst du im feuchten Badezimmer aufhängen, dann sparst du dir das Bügeln.
- Benutze keinen Wäschetrockner für deine Sachen – das verursacht Pilling und schädigt das Gewebe.

ZWEITER TEIL

AUS WENIG MACH VIEL

Bevor die moderne *Fast Fashion*-Kultur aufkam und vor allem in schlechten Zeiten haben die Menschen gespart und sich einiges einfallen lassen, um das Maximum aus den Kleidungsstücken herauszuholen, die sie bereits besaßen. Textilien auszubessern, um sie wieder in Schuss zu bringen, ist seit Jahrhunderten üblich, besonders im Krieg war es meist unvermeidlich.

Im Zweiten Weltkrieg rationierten viele Regierungen Stoff, um sicherzustellen, dass genügend Rohstoffe für Kriegszwecke vorhanden waren. Außerdem gaben sie Broschüren heraus, in denen die Bevölkerung aufgefordert wurde, alte Kleidungsstücke auszubessern und ihnen neues Leben einzuhauchen.

Im Januar 1943 empfahl sogar die *Vogue* ihren Leserinnen, ihre Kleidungsstücke auszubessern und aufzuarbeiten, anstatt Neues zu kaufen, was für die meisten Menschen sowieso keine Option mehr war. Heute, im Krieg gegen Verschwendung, können wir dieses Prinzip wiederaufleben lassen.

Wiederentdeckung einer in Vergessenheit geratenen Kunst

Sticken, Stricken, Nähen und Flickarbeiten gehörten früher zur Erziehung eines jeden jungen Mädchens. Zum Glück lernen Mädchen heute nicht mehr nur Dinge, die man im Haushalt braucht, aber die Grundlagen der Handarbeit zu beherrschen, schadet niemandem. Nähen zu lernen ist auch eine gute Möglichkeit, zur Reparatur-Aktivistin zu werden (siehe Seite 48).

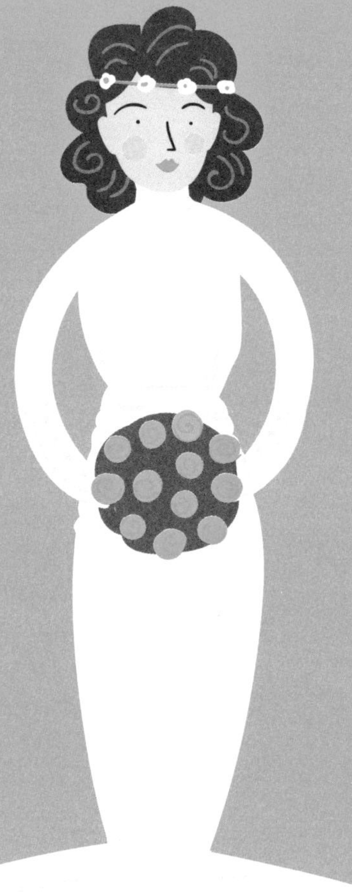

PFLEGE-PFLICHT

In den vom Krieg betroffenen Ländern waren Flickarbeiten nicht nur patriotische Pflicht, sondern eine Notwendigkeit. Alte Textilien wurden auseinandergenommen, damit man neue Kleidung daraus machen konnte. Da Seide Mangelware war, liehen sich Frauen Abend- und Brautkleider untereinander aus. Und da viele Männer für lange Zeit nicht zu Hause waren, wurden ihre Frauen aufgefordert, aus den Anzügen ihrer Ehemänner Kleidungsstücke für die ganze Familie zu nähen.

Make-up und Haarstyling waren auch in Kriegszeiten wichtig und die Frauen wurden richtig kreativ, um der Mangelversorgung zu trotzen. Zum Beispiel benutzten sie Schuhcreme als Wimperntusche. Sie bräunten sich ihre Beine mit Tee und benutzten sogar Soßenfarbstoff, um »Strumpfnähte« auf die Haut zu malen.

HOCHZEIT IN WEISS

Manchmal wurden Reste von Fallschirmseide für die Herstellung von Brautkleidern verwendet, allerdings war die »Seide« in Wirklichkeit häufig nur Nylon oder Viskose. Bräute trugen entweder von vornherein kein Weiß oder färbten ihr weißes Kleid nach der Hochzeit, um es weiterhin tragen zu können.

KRIEGSMODE

Ist es in Kriegs- oder anderen Notzeiten in Ordnung, weiterhin Spaß an Mode zu haben? Im Zweiten Weltkrieg waren Kleidung und Stoff Mangelware und es gab alle möglichen Einschränkungen.

Lebensnotwendige Güter wie Nahrungsmittel, Benzin und Kleidung wurden rationiert, um eine gerechte Verteilung zu garantieren. In Großbritannien führte die Regierung ein Programm für sogenannte Gebrauchskleidung ein. Damit sollte verhindert werden, dass zu viel Stoff verbraucht wurde, und gleichzeitig sichergestellt werden, dass die Kleidung eine vernünftige Qualität hatte. Bekannte Modedesigner erhielten den Auftrag, verschiedene Kleidungsstücke unter Beachtung strikter Regeln zu entwerfen.

Falten waren verboten, mehr als zwei Taschen und fünf Knöpfe waren nicht zulässig und die Kleidungsstücke mussten verstärkte Nähte haben, damit sie strapazierfähiger waren und länger hielten. Für Männerhemden gab es eine vorgeschriebene Maximallänge, Anzüge mussten einreihig sein, auch Aufschläge an den Hosenbeinen waren nicht erlaubt. Mithilfe von Werbekampagnen wurde verschwenderisches Verhalten an den Pranger gestellt und sogar suggeriert, extravagante Kleidung sei unpatriotisch.

GEBRAUCHSKLEIDUNG

Im Krieg gingen viele Frauen dazu über, Overalls zu tragen, da sie praktisch und schnell anzuziehen waren. Der Overall, den es bis dahin für Frauen nicht gegeben hatte, wärmte, war bequem und hatte Taschen, was besonders wichtig war.

HOSENTREND

Hosen waren zuerst Alltagskleidung von Frauen, die während des Krieges in Fabriken arbeiteten, und gewannen dann schnell an Beliebtheit. Die US-Schauspielerin Katherine Hepburn trug in mehreren Filmen elegante Hosen mit weitem Bein und half damit, den Trend durchzusetzen.

Hosen für Frauen büßten nicht an Beliebtheit ein, als der Krieg vorbei war.

DER »NEW LOOK«

Jahrelange Rationierung hatte das Verhalten der Menschen und ihre Einstellung zu Mode verändert. Nach dem Krieg erregte der Designer Christian Dior in Paris großes Aufsehen, als er den »New Look« vorstellte: schmale Taillen, Schulterpolster und sehr voluminöse Röcke. Dieser immense Stoffverbrauch wurde nach Jahren der Entbehrung von vielen als geschmacklos empfunden.

JAPANISCH COOL

Einige der einflussreichsten, bekanntesten und innovativsten Modedesigner der Welt stammen aus Japan, zum Beispiel Issey Miyake, Yohji Yamamoto, Junya Watanabe und Rei Kawakubo.

Japanisches Modedesign greift die Moderne und neue Technologien auf, berücksichtigt aber auch die vielen für das Land typischen historischen Traditionen. Zu diesen Traditionen gehört *Boro*, das Zusammenflicken und Ausbessern von Kleidungsstücken, eine Technik, die aus der Not heraus entstand.

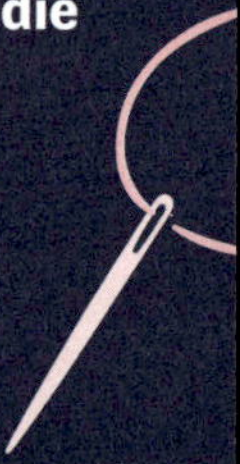

BORO-KLEIDUNG

Das indische *Kantha* hat Ähnlichkeit mit dem japanischen *Boro*. Beim *Kantha* werden Flicken aus dem Stoff alter Saris mit Vorstichen zusammengesetzt und zu neuen Stücken verarbeitet, z.B. zu Decken.

Boro (das Wort bedeutet »flicken« oder »Geflicktes«) entstand in Japans Edo-Zeit (1603–1868), als Stoffe teuer und knapp waren. Bestimmte Stoffe wie Seide oder bunt gemusterte Textilien konnten sich nur die Reichen leisten. Selbst kleine Stoffreste waren viel wert und den Menschen blieb nichts anderes übrig, als die Kleidung auszubessern, die sie bereits besaßen.

Der Begriff *Boro* wird für Kleidungsstücke und Decken verwendet, die über viele Jahre hinweg immer wieder geflickt und ausgebessert und von Generation zu Generation weitervererbt wurden. Wenn ein Kleidungsstück ein Loch hatte oder das Gewebe abgenutzt war, wurden Stoffflicken – mit Indigo gefärbte Baumwolle, Leinen oder Hanf – patchworkartig auf die Stelle gelegt und festgenäht.

DURCH STÄNDIGES FLICKEN WURDE DIE GESCHICHTE EINES KLEIDUNGSSTÜCKS WEITERGESCHRIEBEN UND EIN KOSTBARES ERBSTÜCK GESCHAFFEN.

Zu Beginn des 19. Jahrhunderts wollte die japanische Arbeiterklasse ihre *Boro*-Kleidung loswerden, da sich ihr Lebensstandard verbessert hatte und die Menschen sich der Armut schämten, in der sie bis dahin gefangen gewesen waren. *Boro* erinnerte sie an diese schweren Zeiten, deshalb wurde wenig unternommen, um diese Kleidungsstücke oder die *Boro*-Tradition zu erhalten.

Heute erzielen diese Textilien bei Auktionen Rekordpreise und sie werden in Kunstgalerien ausgestellt. Historische *Boro*-Kleidungsstücke sind zu wertvollen Sammlerstücken geworden und es gibt sogar einen neuen *Boro*-Trend.

WERDE REPARATUR-AKTIVISTIN!

SASHIKO

***Sashiko* bedeutet »Stäbchen« auf Japanisch und ist eine Sticktechnik, die meist mit weißem Garn auf blauem Stoff und auch in der Boro-Technik angewendet wird. Mit *Sashiko* können Stoffe, die abgenutzt sind, oder Stellen eines Kleidungsstücks, die stark beansprucht werden, z.B. Ellbogen oder Knie, verstärkt und ausgebessert werden. Die Technik lässt sich auch für dekorative Stickarbeiten verwenden: Mit Vorstichen und weißem Stickgarn wird ein Muster aus unterbrochenen Linien oder Punkten gestickt.**

Bist du neugierig geworden? Dann probiere *Sashiko* doch einmal aus, um deine Sachen strapazierfähiger und länger haltbar zu machen. Ganz hinten in diesem Buch findest du einige klassische Muster als Inspiration.

DAS BRAUCHST DU:

- Stoff oder Kleidungsstück zum Besticken
- lange *Sashiko*-Nadel (oder lange Stopfnadel)
- weißes *Sashiko*- oder Stickgarn (du kannst natürlich auch mit bunten Farben arbeiten)
- Lineal (falls du das Muster freihändig zeichnest)
- Schneiderkreide
- Stecknadeln
- Stift zum Nachzeichnen
- Ausdruck der Stickvorlage (du kannst die Beispiele hinten im Buch verwenden, im Internet nach Mustern suchen oder selbst welche entwerfen)
- Stoffschere

TECHNIK

1. Entscheide dich für ein Muster. Du kannst dir selbst eines suchen oder dich für eines der drei ganz hinten im Buch gezeigten *Sashiko*-Muster entscheiden: Die Quadrate unten auf der Seite zeigen die einzelnen Schablonen – wiederhole das Muster beliebig oft.

2. Lege deine Stickvorlage auf das Kleidungsstück und steche die Musterlinien mit einer Nadel nach. Reibe Schneiderkreide über das Muster, um die Kreidemarkierungen durch die Löcher im Muster auf den Stoff zu bringen.

3. Zeichne das Muster auf dem Stoff mit Kreide nach, damit es deutlicher wird. Kreidemarkierungen lassen sich ganz leicht wieder entfernen, es ist also nicht schlimm, wenn du einen Fehler machst! Du kannst das Muster auch freihändig auf den Stoff zeichnen und bei Bedarf ein Lineal benutzen. Dann entfällt Schritt 2.

4. Fädle den Faden ein und fixiere das Ende mit einem Knoten.

5. Sticke das Muster mit einem einfachen kleinen Vorstich nach (siehe unten). Das Ergebnis sollte wie eine gestrichelte Linie aussehen, mit möglichst gleichmäßigen Abständen zwischen den Strichen.

6. Wenn du fertig bist, stich die Nadel auf die Rückseite durch und drehe das Kleidungsstück auf links. Nimm ein paar Fäden des Stoffs (nicht ganz durchstechen) oder den letzten Stich mit der Nadel auf, um eine neue Schlaufe zu bilden. Ziehe den Faden durch die Schlaufe, um die Naht zu sichern. Wiederhole das Ganze zweimal.

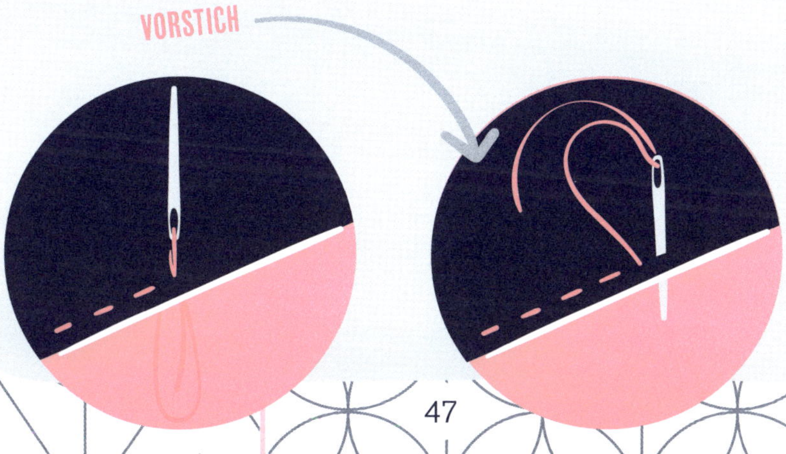

ERSTE HILFE

Wenn etwas kaputt ist, solltest du es nicht einfach wegwerfen. Versuche erst, es zu reparieren! Du findest dafür jede Menge Ideen in diesem Buch, aber wenn du dir lieber etwas von jemandem zeigen lässt oder die Anleitung, die du brauchst, hier oder im Internet nicht finden kannst, ist ein Repair-Café die richtige Adresse für dich.

Ein Repair-Café ist ein kostenloses Veranstaltungsformat, bei dem dir ehrenamtliche Helfer zeigen, wie du deine Sachen reparieren kannst. Das erste Repair-Café wurde 2009 von der Journalistin Martine Postma in Amsterdam organisiert. Inzwischen gibt es weltweit Tausende Angebote dieser Art, bei denen man Hilfe zur Selbsthilfe bekommt.

ALLES IST ERLAUBT

Zu einem Repair-Café kannst du Elektrogeräte, Fahrräder und Kleidungsstücke mitbringen, manchmal sogar Möbel.
Es gibt immer mehr kaputte Gegenstände als Helfer, die wissen, wie man sie repariert.
Komm deshalb früh und bring Geduld mit.
Du musst vielleicht warten,
aber es lohnt sich!

Könntest DU eine Reparatur-Aktivistin sein?

Eine Reparatur-Aktivistin setzt ihre Fähigkeiten dafür ein, Konsum und Verschwendung aktiv zu reduzieren. Sie repariert nicht nur ihre eigenen Sachen, sondern will auch anderen helfen. Sie lässt sich nicht entmutigen – wenn sie etwas nicht selbst reparieren kann, fragt sie jemanden, der es kann. Die Arbeit einer Reparatur-Aktivistin endet nie, denn es gibt immer etwas, das repariert werden muss.

Du brauchst keinen Abschluss in Modedesign, um zu wissen, wie man Kleidungsstücke ausbessert. Wenn einige der folgenden Attribute auf dich zutreffen, hast du alles, was es braucht, um Reparatur-Aktivistin zu werden.

DU MUSST ...

- ... dich trauen, Dinge auseinanderzunehmen
- ... gerne Probleme lösen
- ... eine gute Auge-Hand-Koordination haben (haptische Fähigkeiten)
- ... und ein bisschen kreativ sein

WIE FINDEST DU HERAUS, OB ES BEI DIR IN DER NÄHE EIN REPAIR-CAFÉ GIBT?

Internetforen und soziale Medien sind ein guter Ausgangspunkt. Viele Repair-Cafés finden in öffentlichen Büchereien und Gemeindezentren statt, dort liegen auch oft Broschüren aus.

Auf Seite 149 erfährst du, wie du ein Repair-Café bei dir in der Nähe findest.

DEIN WERKZEUGKASTEN

Diese Dinge sollte jede Reparatur-Aktivistin in ihrem Werkzeugkasten haben:

Andere nützliche Gegenstände für deinen Werkzeugkasten sind Druckknöpfe und Haken-verschlüsse.

LISTE UNENTBEHRLICHER NÄH-ACCESSOIRES UND -UTENSILIEN FÜR DEINEN WERKZEUGKASTEN

11

12

13

1 **Nahttrenner**
Zum Entfernen falscher Stiche.

2 **Maßband**
Flexibles Bandmaß, um Stoff abzumessen und Körpermaße zu nehmen.

3 **Garn in verschiedenen Farben**
Garn braucht man für Nähte, Stickereien und Stopf-/Flickarbeiten.

4 **Nähnadeln in verschiedenen Stärken**
Nadeln werden für Näharbeiten mit der Hand verwendet. Es gibt sie in verschiedenen Stärken.

5 **Stoffschere**
Zum Schneiden von Stoff. (Achte darauf, dass niemand deine Stoffschere zum Schneiden von Papier verwendet, da sie sonst stumpf wird!)

6 **Schneiderkreide oder Textilstifte**
Für Markierungen auf dem Stoff, die weggebürstet oder ausgewaschen werden können.

7 **Sicherheitsnadeln**
Zum provisorischen Aneinanderheften.

8 **Bügeleisen**
Zum Glätten von Nähten, Entfernen von Falten und Aufbügeln von Flicken vor dem Annähen.

9 **Stopfpilz**
Schafft eine harte, gewölbte Oberfläche zum Stopfen von Strickwaren.

10 **Doppelseitiges Klebeband zum Aufbügeln**
Zum vorläufigen Fixieren von zwei Stoffen mit dem Bügeleisen vor dem endgültigen Zusammennähen.

11 **Fingerhut**
Als Schutz für deine Finger.

12 **Fadenschere**
Zum Schneiden von Garn.

13 **Stecknadeln**
Zum Fixieren von Stoff beim Nähen.

Du solltest dir eine kleine Kollektion aus Stoffresten, Knöpfen und Reißverschlüssen zulegen. Wenn du jemanden aus deinem Freundeskreis beim Wegwerfen von Kleidungsstücken erwischst, die so zerrissen und verschlissen sind, dass sie nicht mehr repariert werden können, rette wenigstens einen Teil des Stoffs und die Verschlüsse als Vorrat für kommende Projekte.

FLICKEN

Falls möglich, solltest du durchgescheuerten Stoff mit ein paar *Sashiko*-Stichen (siehe Seite 46) verstärken, noch bevor ein Loch entsteht, aber wenn es doch einmal so weit sein sollte, kannst du einen Flicken auf das Loch setzen und Reparatur-Aktivismus praktisch anwenden. Ein Flicken kann sichtbar oder unsichtbar sein, abhängig davon, an welcher Stelle er sitzt, welches Material du verwendest und welchen Look du erzielen möchtest.

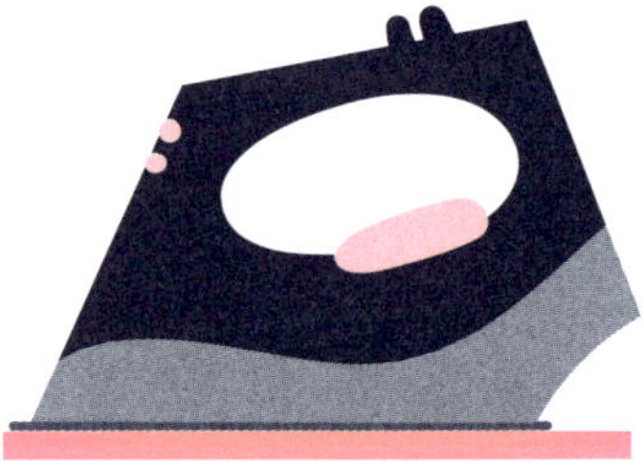

1 Schneide den Stoffflicken so zu, dass er groß genug ist, um das Loch und verschlissene Stellen um das Loch herum abzudecken.

2 Schlage die Ränder des Flickens 0,5 bis 1 cm nach innen um und fixiere sie mit einem Bügeleisen.

Lege dir für kommende Projekte einen Vorrat an verschiedenen Stoffflicken an. Dafür kannst du alte Kleidungsstücke, Bettbezüge, Vorhänge und sogar Tischtücher verwenden. Vergiss nicht, auch Reißverschlüsse, Knöpfe und interessante Besätze zu retten – irgendwann kannst du sie bestimmt gebrauchen!

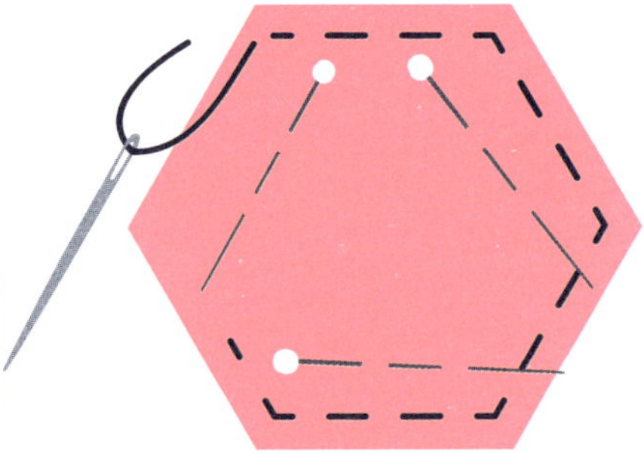

3 Befestige den Flicken mit Stecknadeln auf dem Kleidungsstück und fixiere ihn mit ein paar großen Vorstichen. Entferne die Stecknadeln.

4 Nähe die Ränder des Flickens mit Schlingstichen oder Überwendlingsstichen an und schließe mit einem Knoten ab.

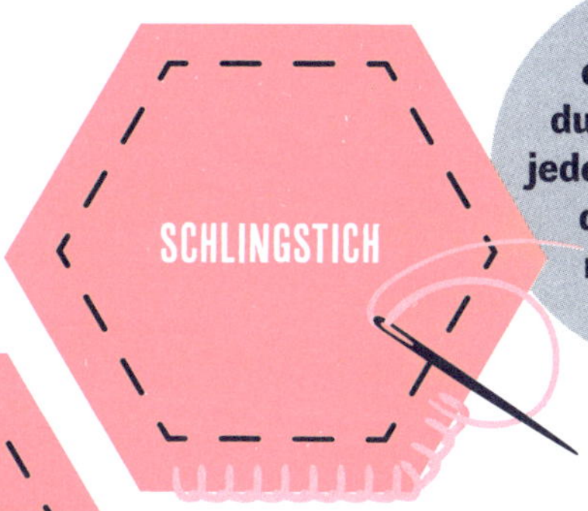

Achte darauf, dass du die Nadel bei jedem Stich durch die Schlaufe nach hinten führst.

Setze die Stiche im 45-Grad-Winkel.

Das Material des Flickens sollte in etwa genauso dick wie der Stoff des Kleidungsstücks sein. Wenn du einen genau passenden Flicken brauchst, kannst du auch ein Stück aus der Innenseite einer Tasche herausschneiden.

5 Entferne die Vorstiche. Fertig!

FLICKENINSPIRATION

Patchwork ist eine großartige Möglichkeit zur Verarbeitung von Stoffresten. Wenn du einzelne Stücke zusammensetzt, ergibt das ein größeres Stück Stoff, aus dem du ein Kleidungsstück nähen kannst. Du kannst auch ein paar Flicken in verschiedenen Farben auf ein bereits vorhandenes Kleidungsstück nähen und so etwas Einzigartiges schaffen.

STOPFEN

Wenn in Stricksachen oder einem anderen Gewebe Löcher entstehen, sehen die Teile meist wie neu aus, wenn sie fachgerecht gestopft werden. Diese Technik eignet sich hervorragend zum Ausbessern abgetragener Kleidung, sie gehört zu den grundlegenden Fähigkeiten, die jeder beherrschen sollte.

Mit Maschenstichen kannst du dünne Strickstoffe verstärken. Dabei stickst du die Strickmaschen nach, um sie zu verstärken.

DAS BRAUCHST DU:

- Stopfpilz *(du kannst auch eine kleine Keramikschale, einen Tennisball oder etwas anderes Kleines mit einer harten, gewölbten Oberfläche benutzen)*
- lange Stopfnadel
- Wolle, Garn oder Stickgarn
- Schere oder Fadenschere *(eine kleine Spezialschere zum Abschneiden feiner Fäden)*

1. Bei der Auswahl der Wolle (oder des Garns) solltest du darauf achten, dass sie in etwa so stark wie die Wolle des Strickteils ist, das du ausbessern willst.
2. Fädle die Wolle ein, aber mache keinen Knoten ins Ende.
3. Dreh das Kleidungsstück auf links und platziere den Stopfpilz (oder das gewölbte Objekt) unter dem Loch, das gestopft werden soll. Das Gewebe darf nicht zu sehr gespannt sein.
4. Fange am unteren linken Rand des Lochs an. Du musst den Bereich um das Loch herum verstärken, daher solltest du ungefähr zwei bis drei Maschenreihen links und unterhalb des Lochs bzw. der abgenutzten Stelle anfangen.

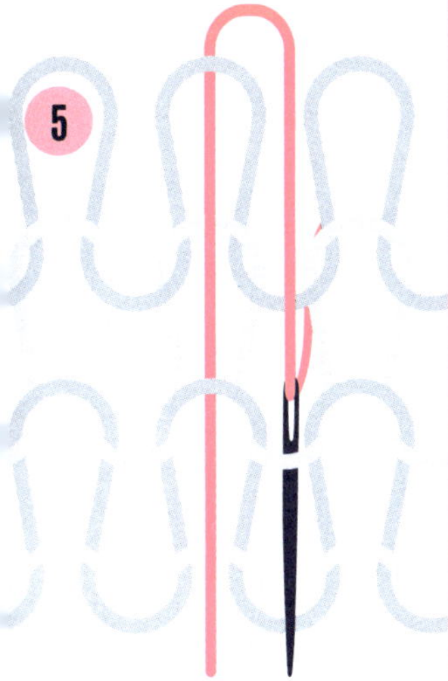

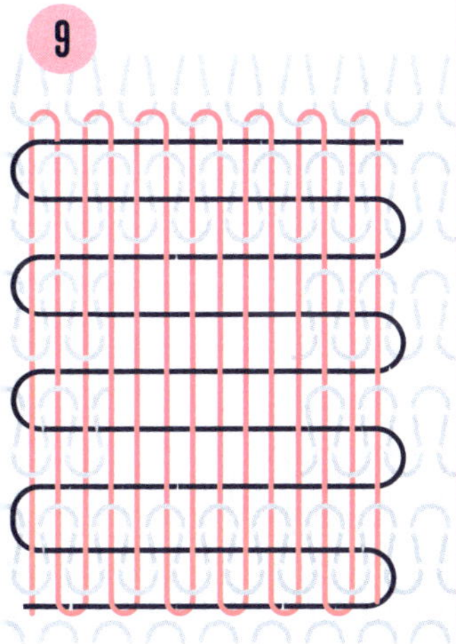

5 Folge den Maschenreihen des Strickteils und arbeite von unten nach oben. Mit der Nadelspitze nimmst du jede zweite nach oben zeigende Masche auf.

6 Wenn du den oberen Rand des Lochs erreicht hast, ziehst du den Faden aus der Nadel. Achte darauf, dass am Ende 2 cm Faden stehen bleiben.

7 Als Nächstes nimmst du abwechselnd die nach unten zeigenden Maschen in der nächsten Reihe auf, du arbeitest also in der entgegengesetzten Richtung (bei unserem Beispiel von oben nach unten). Achte darauf, den Faden am Ende der Reihe nicht zu fest anzuziehen.

8 Das wiederholst du in der Arbeitsrichtung von links nach rechts so oft, bis das Loch vollständig abgedeckt ist. Wenn du das Ende erreicht hast, ziehst du den Faden durch.

9 Als Nächstes ziehst du den Faden waagrecht durch und nimmst dabei die senkrechten Fäden auf, die du angelegt hast. Achte darauf, dass du die Fäden immer abwechselnd aufnimmst, sodass eine ordentliche Gitterstruktur ohne Lücken entsteht.

10 Wenn du das Ende erreicht hast, lässt du das Fadenende einfach hängen (du brauchst es nicht zu verknoten).

11 Sichere die losen Fadenenden. Fädle das Ende ein, nimm ein paar Maschen in diagonaler Richtung auf, ziehe den Faden durch und schneide das Ende ab. Wiederhole das für alle Enden.

12 Dein gestopftes Loch sollte so aussehen:

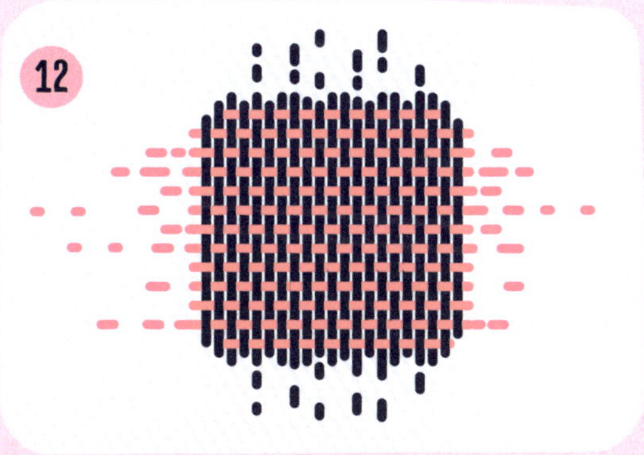

VISIBLE MENDING

Manche Flickarbeiten soll man sehen, andere lieber nicht, aber eine Reparatur erfüllt immer eine bestimmte Funktion. Welche Reparaturmethode man wählt, hängt davon ab, um was für ein Kleidungsstück es sich handelt, woraus es besteht, wo die Problemstelle ist, wie es getragen wird und was in der nächsten Phase seines Lebens daraus werden soll. Die Methode beeinflusst auch, wie das Kleidungsstück nach der Reparatur aussehen wird.

Eigentlich werden Reparaturen aus wirtschaftlichen und inzwischen auch zunehmend aus ökologischen Gründen notwendig, doch in den letzten Jahren hat auch die Methode *Visible Mending* (»sichtbares Ausbessern«) immer mehr Anhänger gewonnen. Dabei wollen die Reparaturkünstler ihre Kleidung nicht nur optimieren und ausbessern, sondern auch zeigen, dass sie ihre Sachen so lange getragen haben, dass es sich lohnt, Zeit und Arbeit für eine Reparatur zu investieren. Zu den bekannten Vertretern dieser Bewegung gehören Celia Pym, Tom of Holland, Bridget Harvey und Amy Twigger Holroyd. Sie beherrschen diese Kunstform perfekt und die von ihnen reparierten Kleidungsstücke sehen mitunter noch schöner aus als vorher.

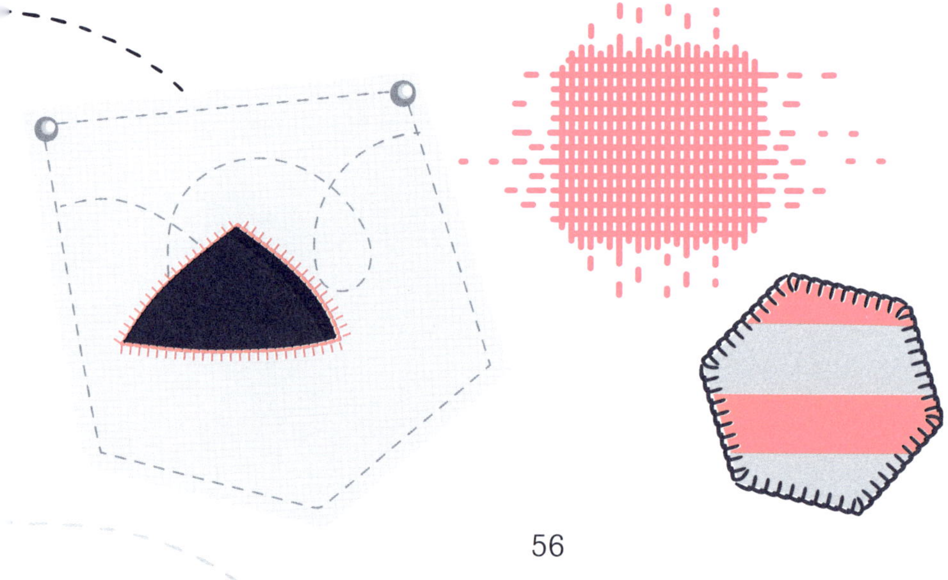

Wabi-Sabi ist eine japanische Philosophie, nach der Schönheit in jedem Aspekt des Unvollkommenen, Unbeständigen, Unvollständigen und Unkonventionellen liegt. Sie verfolgt das Gegenteil unseres sterilen modernen Lebens mit Instagram-Filtern und sorgfältigen Arrangements. Dieses Konzept lässt sich auch auf unsere Kleidung anwenden. Wenn Textilien geliebt und oft und gern getragen werden, nutzen sie sich im Laufe der Zeit ab, bekommen vielleicht Flecken oder Risse und nehmen ein individuelles, einzigartiges Aussehen an. Löcher oder gezogene Fäden können Gefühle und Erinnerungen an Ereignisse auslösen, bei denen das Teil getragen wurde, daher ist eine Reparatur nur eine unumgängliche Phase im Leben unserer Kleidung.

Wenn du das nächste Mal ein Loch in einem Kleidungsstück entdeckst, solltest du das als Gelegenheit sehen, etwas Besonderes daraus zu machen. Stopfe es in einer leuchtenden Kontrastfarbe, damit es ins Auge fällt und allen zeigt, dass du dir die Zeit genommen hast, deine Kleidung zu reparieren. Du kannst die ausgebesserte Stelle auch mit einer hübschen Stickerei oder Perlen schmücken. Eine andere Möglichkeit wäre es, das Loch einfach offen zu lassen und den Rand mit Schlingstichen in einer anderen Farbe zu betonen. Es wird mit Sicherheit Gesprächsthema sein und vielleicht andere inspirieren, ihre Kleidungsstücke ebenfalls selbst zu reparieren.

Achtsames Ausbessern

Das Ausbessern von Kleidung ermöglicht es uns, eine Auszeit zu nehmen. Wir können dabei abschalten, entspannen, nachdenken und ganz bei uns sein. Die rhythmischen, sich wiederholenden Bewegungen beim Handarbeiten beruhigen, tun der Psyche gut und lassen uns die Pflichten des Alltags vergessen.

DRITTER TEIL

TRAGE KLEIDUNG VON ANDEREN

Du hast in deinem Kleiderschrank gewühlt, trotzdem brauchst (oder willst) du immer noch unbedingt etwas Neues zum Anziehen. Geh jetzt bloß nicht einkaufen! Eine der einfachsten Möglichkeiten, an neue Outfits zu kommen, ist, das zu tragen, was andere haben. Indem du deine Sachen verleihst, teilst und tauschst, kannst du dich neu stylen, ohne Geld auszugeben oder der Umwelt zu schaden.

Tauschen ist eine geniale Möglichkeit, um gleichgesinnte Leute mit einem ähnlichen Kleidungsstil kennenzulernen. Es kann Menschen zusammenbringen und älteren Textilien eine zweite Chance geben. Für einige von euch ist es vielleicht

ganz selbstverständlich, sich Kleidungsstücke zu leihen und mit anderen zu tauschen, vor allem, wenn ihr Geschwister oder andere Familienangehörige mit einem guten Stilgefühl habt. Wenn dir die Outfits einer Freundin gefallen, hat sie vielleicht nichts dagegen, den Inhalt ihres Kleiderschranks mit dir zu teilen, wenn du sie fragst und ihr Zugang zu deinem anbietest. So kannst du mit Styles, Silhouetten und Konfektionsgrößen spielen und einen neuen Look testen, ohne Geld ausgeben zu müssen.

Wenn du dich mit Konfektionsgrößen und einfachen Änderungen auskennst, erhöht das deine Chancen, zu ein paar richtig tollen Sachen zu kommen. Zu tragen, was andere bereits haben, erfordert manchmal ein bisschen Überredung und Aufgeschlossenheit, aber es kann dir die Tür zu ungeahnten Möglichkeiten und komplett neuen Outfits öffnen.

TAUSCHEN OHNE ZWEIFEL

Als Argument gegen das Tragen von Secondhandkleidung wird immer wieder angeführt, dass man nicht weiß, wo die Sachen herkommen. Allerdings weiß vermutlich auch nicht jeder, wo seine *neuen* Sachen herkommen! Kleidung zu tragen ist etwas Intimes, da sie unsere Haut berührt, aber schließlich lassen sich Textilien ja waschen. Wenn du immer noch Bedenken gegen Secondhandkleidung hast, ist es schon einmal ein guter Anfang, Sachen mit deinen Freunden zu tauschen oder dir etwas von ihnen zu leihen.

Wenn es um das geht, was wir tragen, können Freunde unsere wichtigsten Influencer sein. Mit einem geliehenen Outfit von einer Freundin kannst du mit einem neuen Stil experimentieren, ohne Geld für neue Sachen ausgeben zu müssen. Wenn du dir etwas leihst, musst du es natürlich so behandeln, als würde es dir gehören. Und vergiss auf keinen Fall, es wieder zurückzugeben! Kein Kleidungsstück ist es wert, dass darüber eine Freundschaft zerbricht!

Ein Kleidertausch ist eine großartige Möglichkeit, die Sachen weiterzugeben, die du nicht mehr trägst, und sie gegen etwas zu tauschen, das du tragen wirst. Du kannst deine Freunde zu einem lustigen Abend bei dir zu Hause einladen, zu dem jeder Sachen mitbringt, die er nicht mehr haben will. Vielleicht siehst du deine ungeliebten Kleidungsstücke in ganz neuem Licht, oder du findest ein paar tolle Teile unter den Sachen deiner Freunde. Wenn du regelmäßig einen Kleidertausch organisierst, musst du dir vielleicht sogar nie wieder etwas Neues kaufen!

TAUSCHREGELN

Egal, ob du mit Freunden zu Hause tauschst oder zu einer organisierten Kleidertauschbörse gehst (siehe Seite 62), es gibt einige Grundregeln:

- Nimm nur saubere Kleidung in gutem Zustand mit.
- Probiere alles an.
- Nimm nichts mit nach Hause, bei dem du dir nicht absolut sicher bist. Sonst landet es auf dem Stapel mit den Sachen, die du nicht trägst.
- Mach dich nicht verrückt, wenn dir etwas gut gefällt, aber nicht passt – lege es zurück und suche nach etwas anderem.
- Freu dich, dass deine alten Sachen ein neues Zuhause gefunden haben.

KLEIDERTAUSCHBÖRSEN

Wenn es dir wirklich ernst damit ist, den Kauf neuer Kleidung in deinem Umfeld zu reduzieren, kannst du eine Kleidertauschbörse organisieren. Damit erreichst du viele Leute auf einmal!

SO GEHTS:

1 SUCH DIR EINEN VERANSTALTUNGSORT

Sporthallen von Schulen, Büchereien, Cafés, Kunstgalerien, kirchliche Einrichtungen oder Gemeindezentren sind eine gute Wahl für Kleidertauschbörsen. Manchmal werden die Räume umsonst zur Verfügung gestellt, es kann aber auch sein, dass du Miete dafür zahlen musst. Wenn die Nutzung kostenpflichtig ist, kann es sinnvoll sein, einen kleinen Eintritt zu verlangen, um die Kosten zu decken.

2 MACH WERBUNG

Poster und Flugblätter sollten Folgendes enthalten: Datum, Uhrzeit, Veranstaltungsort, Eintrittspreis (falls kostenpflichtig), eine kurze Erklärung des Begriffs »Kleidertauschbörse« und Angaben darüber, was die Teilnehmer mitbringen können. Lege das Werbematerial an Orten aus, an denen viele Menschen vorbeikommen, z.B. in Supermärkten und Cafés (immer erst um Erlaubnis bitten!). Nutze soziale Medien. Kündige die Tauschbörse über die Kanäle des Veranstaltungsortes und lokaler Organisationen an und teile die Infos auch in deinen Netzwerken. Aktualisiere sie regelmäßig, um das Interesse wachzuhalten, und suche zusätzlich den Kontakt zur Lokalpresse.

3 »TEAM KLEIDERTAUSCHBÖRSE«

Am Veranstaltungstag brauchst du Hilfe beim Aufbau und beim Sortieren und Wegpacken der Kleidung. Bitte Freunde und Familie um Unterstützung und weise jedem Teammitglied eine Aufgabe zu. Du brauchst ein oder zwei Leute für den »Empfang«, die die Kleidungsstücke annehmen, jemanden für die Aufsicht im Umkleidebereich und jemanden, der den Tauschbereich organisiert und im Auge behält. Deine Teammitglieder sollten alle eine bestimmte Farbe tragen, damit die Leute wissen, wen sie um Hilfe bitten können.

4 SO WIRD DEINE TAUSCHBÖRSE EIN ERFOLG

- Wie willst du die Kleidung präsentieren? Kleiderständer und Bügel sind ideal dafür. Höre dich um und stelle eine Anfrage ins Internet. Vielleicht kannst du dir etwas von einem Kleidergeschäft oder einer Theatergruppe ausleihen. Keine Ständer? Finde heraus, ob es Tische gibt, auf denen du die Teile stapeln könntest. Oder hänge die Sachen an einer Wäscheleine auf und lege kleinere Artikel in beschriftete Kartons.

- Frage den Betreiber der Räume, ob ihr Getränke anbieten dürft. Vielleicht ist ein Geschäft in der Nähe bereit, Snacks beizusteuern, wenn du Werbung für das Geschäft machst. Du könntest die Teilnehmer auch bitten, etwas zu essen mitzubringen, das dann geteilt wird.

- Stelle eine tolle Playlist zusammen.

- Arbeite mit einer symbolischen »Währung«, die die Teilnehmer im Austausch für ihre Kleidung erhalten. Die Anzahl der Marken entspricht der Anzahl der mitgebrachten Kleidungsstücke: Wenn jemand zwei Artikel für die Tauschbörse mitbringt, bekommt er zwei Marken und kann sich bis zu zwei neue Kleidungsstücke aussuchen.

- Richte einen Umkleidebereich mit einem Spiegel ein, der mit Bettlaken oder einem Vorhang abgetrennt ist.

- Kurz vor Ende der Kleidertauschbörse kannst du den Teilnehmern eventuell die Möglichkeit zum Kauf weiterer Kleidungsstücke geben.

- Suche dir einen gemeinnützigen Secondhandladen in deiner Nähe aus, dem du übrig gebliebene Kleidung spenden kannst. Oder lagere sie bis zur nächsten Kleidertauschbörse ein.

5 AM VERANSTALTUNGSTAG

- Wenn du viele Teilnehmer erwartest, solltest du Abgabe- und Tauschzeiten staffeln, damit dir und deinem Team genug Zeit für die Entgegennahme der Sachen bleibt.

- Prüfe die Qualität der Kleidungsstücke. Achte auf Löcher im Zwickel, durchgescheuerte Saumkanten, abgerissene Träger und Flecken an Ausschnitt, Bündchen und unter den Achseln. Wenn das Teil nicht mehr gut genug zum Tauschen ist, lehne es ab, aber gib dem Teilnehmer Tipps, was er stattdessen damit machen kann (siehe Seite 48).

- Überprüfe, ob die Anzahl der Marken und Kleidungsstücke übereinstimmt, bevor jemand die Tauschbörse verlässt, damit alles fair zugeht.

KONFEKTIONSGRÖSSEN

Falls du jemals den Eindruck hattest, dass Kleidungsstücke an anderen erheblich besser aussehen als an dir, bist du nicht allein. Mode kann viele Gefühle auslösen und manchmal sorgt sie dafür, dass wir mit unserem Aussehen unzufrieden sind. Ein negatives Körpergefühl kann alle Bereiche unseres Lebens beeinflussen, unsere Leistungen in der Schule oder bei der Arbeit beeinträchtigen und dafür sorgen, dass wir uns schämen und ein schlechtes Gewissen haben. Wir wissen, dass es nicht gesund ist, uns mit den »perfekten« Bildern zu vergleichen, die wir tagtäglich sehen, aber das ist leichter gesagt als getan.

Ein Kleidertausch kann manchmal zu heiklen Gesprächen über Konfektionsgrößen führen, aber Fakt ist, dass diese bei jeder Modemarke unterschiedlich ausfallen. Jede Marke hat bestimmte Zielkunden mit einem genau definierten Lebensstil und einer »Idealgröße«, für die fast alle Teile dieser Marke produziert werden. Häufig schließt das Menschen aus, deren Körperform und -maße diesem stark eingeschränkten »Ideal« nicht entsprechen. Dadurch können negative Gefühle in Bezug auf das eigene Aussehen und in einigen Fällen sogar körperdysmorphe Störungen ausgelöst werden. Es ist wichtig, die Konfektionsgröße nicht mit der Passform zu verwechseln. Unsere Körper sehen alle unterschiedlich aus und wir sollten unser Selbstwertgefühl nicht auf die Zahl reduzieren, die auf dem Größenetikett steht. Dies zu akzeptieren, kann sehr befreiend sein.

BODY POSITIVITY!

ICH BIN KEINE ZAHL!

Aktivisten fordern die Modebranche dazu auf, die Diversität ihrer Kunden und aller Menschen zu berücksichtigen – egal, ob Alter, Lebensstil, Hautfarbe oder Konfektionsgröße. Eines Tages werden für Werbekampagnen und glamouröse Modefotos Models ausgewählt werden, die so aussehen wie wir und die Menschen in unserem Umfeld. Dann wird Schluss sein mit retuschierten Bildern, auf denen niemand so aussieht wie im richtigen Leben.

Aber bis dahin musst du dich deiner Konfektionsgröße nicht schämen. Ändere deine Kleidung, damit sie dir wie angegossen passt, und kämpfe für eine realistischere Darstellung von Menschen in der Modebranche.

KNÖPFE

Knöpfe anzunähen gehört zu den Fähigkeiten, die eine Reparatur-Aktivistin als Erstes lernen sollte. Knöpfe können aus Metall, Glas, Holz, Kunststoff, Keramik, Perlmutt oder sogar Knochen bestehen, du kannst dir also aussuchen, welche du kaufen oder wiederverwenden willst. Sie eignen sich hervorragend dafür, ein Kleidungsstück mit Farbakzenten aufzupeppen und ihm Struktur und einen eigenen Charakter zu verleihen.

WELCHER KNOPF SOLL ES SEIN?

Bambus, Harz und Kokosnussschale sind einige der Materialien, aus denen Knöpfe auf pflanzlicher Basis hergestellt werden können. Tagua- oder Corozonüsse aus Zentral- und Südamerika, auch Steinnüsse genannt, werden dafür immer beliebter. Corozo wird auch als »pflanzliches Elfenbein« bezeichnet und ist eine Art Harz, das aus den Samen einer tropischen Palmenart gewonnen wird und extrem strapazierfähig ist. Da es jedes Jahr neue Samen gibt, bestehen diese Knöpfe aus einem vollständig erneuerbaren Rohstoff.

STEINNÜSSE SIND DIE SAMEN DER TAGUA-PALME

Einige Modemarken erschweren das Ausbessern ihrer Produkte und liefern nicht einmal einen Ersatzknopf mit. Sie gehen davon aus (oder hoffen), dass ihre Kunden das Teil wegwerfen, wenn sich ein Knopf löst, und sich dann ein komplett neues Outfit kaufen! Mittlerweile gibt es jedoch Hersteller, die einsehen, dass ihre Kunden die gekauften Kleidungsstücke möglichst lange tragen wollen, und die deshalb einen Reparatur-Service anbieten.

So näht man einen Knopf an

DAS BRAUCHST DU:

- Knopf
- Garn
- Nadel
- Schere

1 Fädle den Faden ein und verknote das Ende.

2 Stich die Nadel von unten durch den Stoff und wieder zurück, sodass ein Stich entsteht. Wiederhole den Vorgang, damit ein Kreuz an der Stelle entsteht, an der der Knopf sitzen soll.

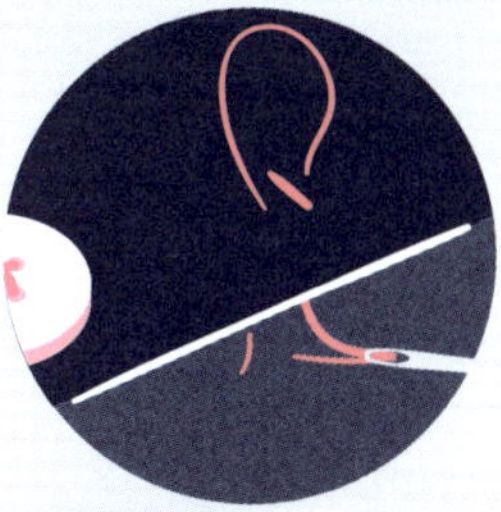

3 Halte mit einer Hand den Knopf an die richtige Stelle und führe die Nadel von unten durch den Stoff und durch ein Loch des Knopfs.

4 Führe die Nadel durch ein anderes Loch des Knopfs wieder nach unten auf die Rückseite des Stoffs.

5 Wiederhole das drei- oder viermal oder so lange, bis der Knopf festsitzt. Nähe den Knopf nicht *zu* fest an, da er sich sonst nur schwer zuknöpfen lässt.

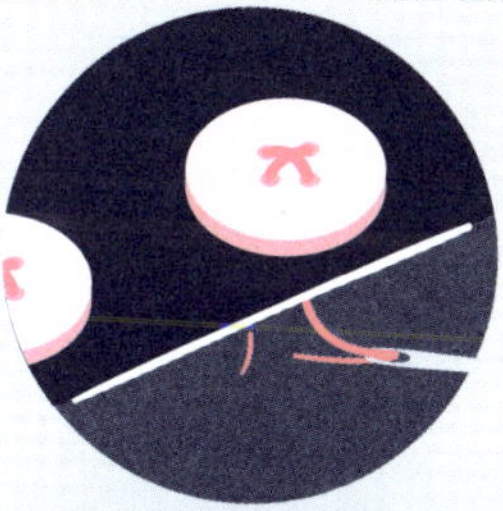

6 Führe die Nadel wieder durch ein Loch des Knopfs, aber nicht durch den Stoff, sondern so, dass sie auf der Vorderseite des Stoffs unter dem Knopf wieder herauskommt.

7 Wickle den Faden ein paarmal um die Fäden, die den Knopf festhalten, und stich die Nadel dann durch den Stoff auf die Rückseite.

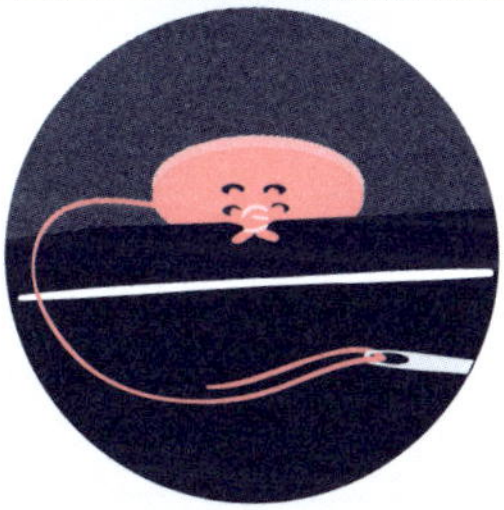

8 Verknote den Faden. Fertig!

Bei einem Knopf mit zwei oder vier Löchern kannst du die Stiche parallel setzen, dann entsteht ein – oder ein =. Bei einem Knopf mit vier Löchern kannst du die Fäden auch überkreuzen. Das sieht dann so aus: x.

SÄUME

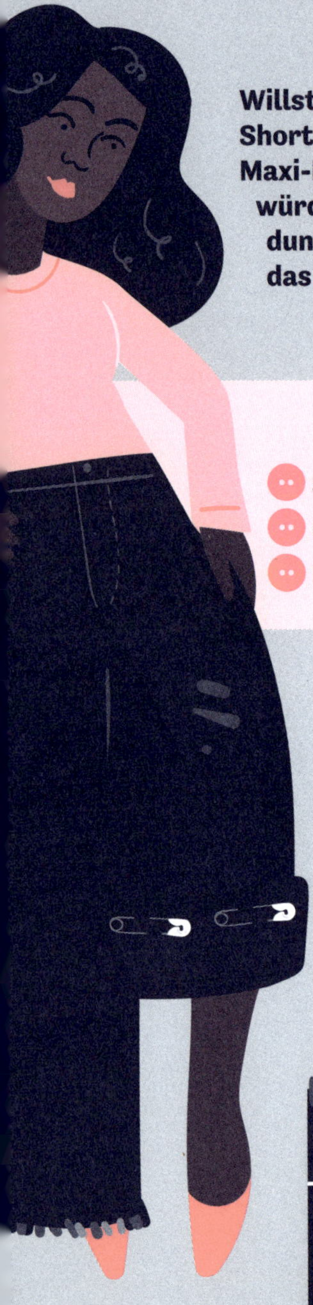

Willst du aus einer langen Hose eine Shorts machen oder findest du, dass dein Maxi-Rock in Midi-Länge besser aussehen würde? Du kannst die Länge eines Kleidungsstücks einfach ändern, indem du das Zuviel an Stoff wegnimmst.

Wenn du mit Umschlägen arbeitest, kannst du eine Hose kürzen, ohne gleich Stoff abschneiden oder nähen zu müssen!

DAS BRAUCHST DU:

- Schneiderkreide
- Garn
- Nadel
- Schere
- Bügeleisen
- Lineal
- Stecknadeln (oder Sicherheitsnadeln)

1. Drehe das Kleidungsstück auf links, ziehe es an und probiere verschiedene Längen aus. Markiere die Länge, die dir am besten gefällt, mit Schneiderkreide.

2. Ziehe das Kleidungsstück aus und lege es auf eine flache Unterlage. Zeichne mithilfe des Lineals und der Schneiderkreide eine Linie an der Stelle, an der sich die Markierung befindet.

3. Füge eine Saumzugabe von 5 cm hinzu.* Zeichne mit der Schneiderkreide an dieser Stelle eine Linie und benutze dazu das Lineal, damit der Abstand überall gleich ist. Das ist deine Schnittlinie.

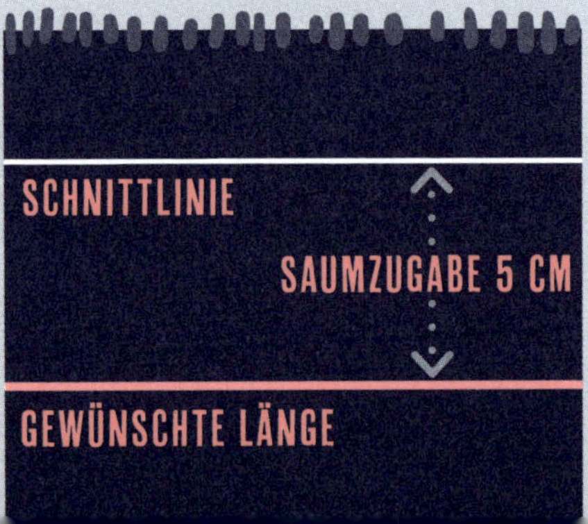

*Das ist eine Standard-Saumzugabe. Du kannst sie beliebig verändern.

4 Schneide den Stoff an der Schnittlinie ab und schlage die Saumzugabe um die Hälfte und dann noch einmal um die Hälfte ein, um die Schnittkante zu verdecken. Fixiere den Stoff zwischendurch mit Stecknadeln. Achte darauf, dass du den Stoff nach innen einschlägst, damit man den Saum nicht sieht.

5 Bügle den neuen Saum glatt, bevor du ihn festnähst.

6 Fixiere den neuen Saum mit Stecknadeln. Vor dem Nähen solltest du den Saum mit Heftstichen fixieren. Ein Heftstich ist ein Vorstich mit einem Faden in einer Farbe, die sich vom Stoff abhebt. Diese Stiche werden später wieder entfernt.

7 Nähe den Saum mit Saumstichen fest. Achte darauf, die Stiche so klein wie möglich zu machen, damit man sie auf der Außenseite des Stoffs nicht sieht.

8 Entferne die Heftstiche.

9 Ziehe das Kleidungsstück an und style es entsprechend.

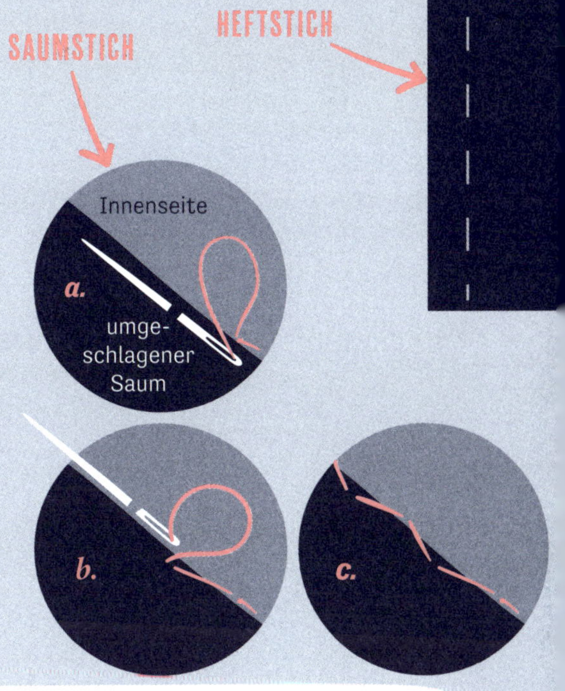

ZU KURZ?

Wenn ein Kleidungsstück zu kurz ist, kannst du es verlängern. Dazu trennst du den Saum auf und machst den neuen Saum schmaler. Wenn nicht genug Stoff im Saum ist, kannst du einen Stoffstreifen oder eine breite Borte ansetzen, um mehr Länge zu erhalten. Eine andere Möglichkeit wäre es, die Stoffkante ungesäumt zu lassen.

NEU FÜR DICH

Egal, ob man von gebrauchter Kleidung, Vintage oder Trödel spricht, gemeint ist immer das Gleiche: Secondhand! Es gibt verschiedene Möglichkeiten, Kleidung nachhaltig und verantwortungsbewusst zu kaufen, und das auch noch zu sehr erschwinglichen Preisen. Wenn du in Secondhandläden, Vintage-Boutiquen oder auf den entsprechenden Internet-Plattformen nach etwas »Neuem« suchst, ist das genauso umweltbewusst und nachhaltig wie tauschen und leihen.

Der globale Secondhandmarkt boomt und manchmal kann man sich wirklich darüber wundern, was andere für »Müll« halten. Erinnere dich kurz an unsere Tipps zum Ausmisten deines Kleiderschranks (siehe Seite 24). Welche Gründe hattest du dafür, Kleidungsstücke auszusortieren, die noch völlig in Ordnung waren? Vielleicht hast du die Teile geschenkt bekommen, sie waren Fehlkäufe oder haben einfach nicht mehr gepasst. Andere Leute rangieren ihre Sachen aus den gleichen Gründen aus und deshalb kann das, was für den einen Müll ist, für den anderen ein wahrer Schatz sein.

Gemeinnützige Secondhandläden sorgen dafür, dass Kleidung nicht in der Mülltonne landet, und geben ihr die Chance, wieder getragen zu werden. Darüber hinaus beschaffen sie Geld für gute Zwecke. Manche Leute haben ein Problem damit, gebrauchte Kleidung zu kaufen. Sie denken, dass die Sachen schmutzig sind oder dass diese Art des Einkaufens nur etwas für Leute ist, die es sich nicht leisten können, neue Sachen zu kaufen.

Das stimmt überhaupt nicht. Beim Secondhandshopping kannst du viele Designermarken günstiger ergattern. Auch Secondhandkäufer suchen also gerne nach »Schnäppchen« und ähneln damit den *Fast-Fashion*-Käufern, aber im Gegensatz zu diesen wollen sie etwas Einmaliges und Ungewöhnliches finden.

In diesem Teil zeigen wir dir, wie du Secondhandsachen kaufst und worauf du dabei achten solltest. Finde heraus, wie du »Einwegkleidung« oder einen Mode-Fauxpas mit Kunstpelz vermeidest. Viel Erfolg!

SECONDHAND RICHTIG KAUFEN

Wenn du Secondhandmode kaufst, wirst du dich durch knallvolle Kleiderständer arbeiten müssen. Das Schöne daran ist, dass ein Teil von Primark neben einem von Prada hängen kann. Aber bei deinem Einkauf geht es gar nicht um den Namen auf dem Etikett, sondern um Schnitt, Stoff und Design des Kleidungsstücks. Wenn du secondhand kaufst, kannst du deinen eigenen, individuellen Stil entwickeln. Und so holst du das Maximum heraus:

1 LASS DIR ZEIT

Lass dir genug Zeit beim Stöbern. Jedes Teil ist ein Einzelstück und hat deine Aufmerksamkeit verdient.

2 PROBIERE EIN TEIL AN, BEVOR DU ES KAUFST

Einige Sachen sehen angezogen besser aus als auf dem Bügel. Wenn dir Farbe oder Muster gefallen, zieh das Teil an (es sei denn, du shoppst online). Und nicht vergessen: Größen können unterschiedlich ausfallen, daher solltest du ein Teil im Zweifelsfall anprobieren. Experimentiere mit unterschiedlichen Silhouetten und Styles, dann merkst du schnell, was dir gefällt und was dir steht. Vielleicht funktioniert ein Kleidungsstück im Oversized-Stil besser oder es könnte von ein paar kleinen Änderungen profitieren (siehe Seite 68).

3 SEI REALISTISCH, WENN ES UMS FLICKEN GEHT

Wenn ein Kleidungsstück ein Loch hat, ein Knopf fehlt oder der Saum aufgegangen ist, kannst du als Reparatur-Aktivistin ein tolles Schnäppchen machen, vor allem, wenn das Teil heruntergesetzt und »wie gesehen« verkauft wird. Aber sei realistisch, wenn es um größere Flickarbeiten geht. Wie viel kannst oder willst du tun, um das Kleidungsstück auszubessern?

4 FASS DEN STOFF AN

Viele Teile aus den Sechzigern, Siebzigern und Achtzigern bestehen aus Kunstfasern. Lass sie liegen, wenn du in Kleidung aus Synthetik schnell schwitzt, vor allem, wenn es Sommersachen sind. Auch Pilling (siehe Seite 27) ist ein Grund, das Teil nicht zu kaufen – die Stoffqualität ist vermutlich schlecht oder es hat seine besten Tage bereits hinter sich. Beachte das Pflegeetikett, aber fass den Stoff auch immer an. Einige Stoffe neigen dazu, sich statisch aufzuladen, während andere bei bestimmten Lichtverhältnissen zu durchsichtig werden. Probiere das Teil im Zweifelsfall an.

Mode wird oft von der Vergangenheit inspiriert. Suche nach Originalteilen aus einem Jahrzehnt, an dem sich aktuelle Trends orientieren, um einen authentischen Look zu kreieren.

5 ÜBERPRÜFE DIE VERSCHLÜSSE

Klemmende Reißverschlüsse lassen sich mit Lippenbalsam oder Bienenwachs schmieren. Fehlende Knöpfe, Haken, Ösen und Druckknöpfe kannst du leicht ersetzen.

6 SIEH DIR DIE NÄHTE AN

Die Nähte verraten dir viel über die Qualität eines Kleidungsstücks. Französische Nähte, Kappnähte oder Einfassnähte, mit denen das Ausfransen der Schnittkanten verhindert wird, sind ein gutes Zeichen.

7 GEBRAUCHSSPUREN

Die meisten komplett abgetragenen Sachen schaffen es gar nicht bis in die Läden. Aber du kannst nach Teilen suchen, die sich umarbeiten lassen oder sich für ein *Refashioning*-Projekt (siehe Seite 78) eignen. Hat eine Hose durchgescheuerte Saumkanten, kann man sie kürzen oder eine Shorts daraus machen. Prüfe, ob Kragen, Manschetten oder die Stellen unter den Achseln verfärbt sind (sie eignen sich unter Umständen für ein *Shibori*-Projekt – siehe Seite 84). Bei Stricksachen solltest du auf Mottenlöcher achten. Friere sie im Zweifelsfall zwei Wochen ein, um die Larven abzutöten.

TIERISCHE MATERIALIEN

Es gibt Menschen, die der Meinung sind, es sei in Ordnung, die Haut oder den Pelz eines Tiers zu tragen, wenn es sich dabei um ein Vintage-Teil aus einem Secondhandladen handelt, weil das Tier in diesem Fall schon lange tot ist. Andere wollen ein solches Kleidungsstück nicht haben, einfach deshalb, weil tierische Materialien dafür verwendet wurden. Ob du so ein Teil kaufst oder nicht, ist eine persönliche Entscheidung, die du treffen kannst, wenn du dich mit den Hintergründen der Modeindustrie beschäftigt hast.

PELZ – ECHT ODER IMITAT?

Pelze kamen in den 1990ern aus der Mode, sind aber nie ganz verschwunden, vor allem nicht aus Secondhandläden. Die Befürworter von Pelz argumentieren, dass Pelz eine nachhaltige, biologisch abbaubare Naturfaser sei, im Gegensatz zu dem chemisch hergestellten Imitat (häufig aus Acryl oder Nylon), das bis zu 600 Jahre braucht, bis es vollständig zerfallen ist. Echtpelz muss jedoch mit Formaldehyd und Chrom behandelt werden, damit er nicht verrottet. Einige behaupten, dass Kunstpelz die wachsende Nachfrage nach Echtpelz normalisiert, während andere der Meinung sind, dass Pelz ein Nebenprodukt der Nahrungsmittelindustrie ist, was nur schwer zu beweisen oder zu widerlegen ist. Tierschützer veröffentlichen Filme und Fotos aus Pelztierfarmen, die die Frage aufwerfen: Kann es jemals human sein, ein Tier um seiner Haut willen zu töten?

GEQUÄLTE SCHLANGEN

Egal, ob du Schlangen magst oder nicht, die Art und Weise, wie man aus ihnen ein Paar Stiefel oder eine Handtasche macht, wird dir mit Sicherheit den Magen umdrehen. Wenn Schlangen niedlich und verschmust wären, würden wir uns dann mehr über den Umgang mit ihnen aufregen? Einige Schlangen werden extra gezüchtet, aber viele werden auch in der Wildnis gefangen. Angeblich hat die Jagd auf wilde Schlangen zu einer Vermehrung der Rattenpopulationen geführt (deren Fressfeinde sie sind).

LANG LEBE LEDER?

Leder ist klassisch, zeitlos und strapazierfähig und man vergisst leicht, dass es sich dabei um ein tierisches Produkt handelt. Kühe sind die am häufigsten gehaltenen Nutztiere weltweit. Ihre Häute werden in Gerbereien bearbeitet, bevor sie zu Ledertaschen und -schuhen verarbeitet werden. In Indien produzieren am Ufer des Ganges etwa 400 Gerbereien einen Cocktail aus giftigen Chemikalien, unter anderem Mangan, Blei, Kupfer und Chrom. Diese Chemikalien und Schwermetalle töten alles Leben im Fluss und sind zudem krebserregend. Sie geraten in den Boden, vergiften das Trinkwasser und die Pflanzen und gelangen so in die menschliche Nahrungskette. Die traditionelle pflanzliche Gerbung verzichtet auf diese giftigen Chemikalien, aber sie ist zeitaufwendig und daher teurer.

Zur Herstellung einer *Birkin Bag* von *Hermès* wird das Leder von bis zu vier Krokodilen benötigt. Eine solche Handtasche kann bis zu 150.000 Euro kosten.

BEGEHRTES KROKODIL

Krokodilleder wurde lange Zeit für Luxusmodeartikel verwendet, in den 1930ern gab es sogar eine richtige Massenproduktion. Zwischen 1954 und 1970 wurden jedes Jahr zwei bis drei Millionen Häute verkauft. Die Zahl der Krokodile ging stark zurück, was dazu führte, dass Gesetze zu ihrem Schutz erlassen wurden. Die Luxusmodebranche ließ sich davon aber nicht abschrecken und begann stattdessen damit, Krokodileier aus Nestern in der freien Natur zu sammeln und die Jungtiere auf Farmen aufzuziehen. Wenn sie mit drei Jahren die richtige Größe erreicht haben, werden sie geschlachtet.

EINWEGMODE

In den letzten Jahren ist das Bewusstsein dafür gewachsen, dass Einwegartikel aus Plastik, wie zum Beispiel Tüten, Trinkflaschen und Strohhalme, extrem umweltschädlich sind. Die Medien sind voll mit Bildern dieser Wegwerfartikel, die an Stränden angespült und achtlos liegen gelassen werden, wenn sie ihren Zweck erfüllt haben und wir sie nicht länger benutzen. Aber auch Kleidung, die wir tragen, kann ein solcher Wegwerfartikel sein. Einige Kleidungsstücke werden nur für eine bestimmte Gelegenheit produziert.

EINMAL UND NIE WIEDER ...

- Abschlussballkleid
- Event-T-Shirt
- Hochzeitskleid
- Schuhüberzieher
- Faschingskostüm
- Latexhandschuhe
- Weihnachtspullover
- Pediküre-Flipflops

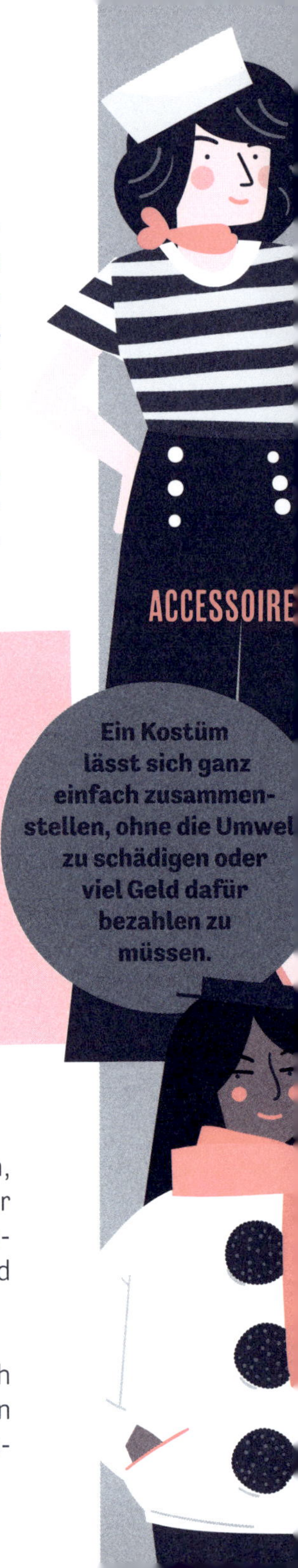

KLEIDER-BIBLIOTHEK

Kleidung für eine bestimmte Gelegenheit zu mieten, ist keine neue Idee. Inzwischen wird es jedoch immer beliebter, sich Sachen aus »Kleider-Bibliotheken« auszuleihen. Dort bezahlt man eine Monatsgebühr und schließt damit sozusagen ein Abo ab.

Anstatt sich etwas Neues zu kaufen, leiht man sich also ein oder mehrere Teile für eine Weile aus. Dann bringt man die Sachen zurück und nimmt etwas anderes mit.

Kostümmode

Ein Faschingskostüm oder ein Outfit für ein Kostümfest wirst du sehr wahrscheinlich nur ein einziges Mal tragen. Mit diesen Tipps bekommst du ein Kostüm, ohne dass du oder die Umwelt den Preis dafür zahlen müssen.

STYLE HAARE UND MAKE-UP

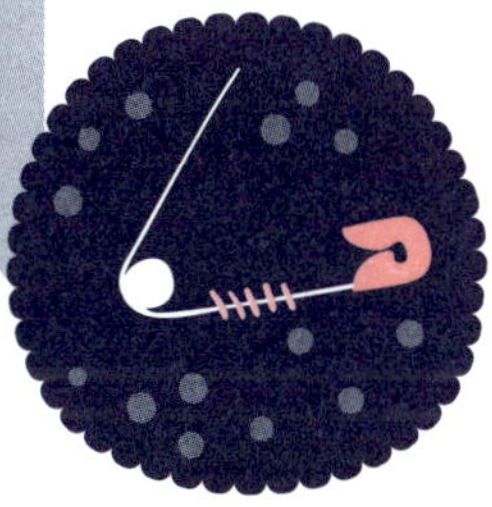

PASSE AN

RECHERCHIERE

Sammle Ideen und Bilder zu dem Thema oder von der Figur, die du verkörpern willst.

SEI KREATIV UND NUTZE BEREITS VORHANDENES

Besitzt du etwas, das sich als Basis für ein Kostüm verwenden lässt? Wirf einen Blick in deinen Kleiderschrank und überlege, ob du das Teil durch Accessoires, eine andere Frisur und Make-up umstylen kannst. Alte Bettlaken oder Decken sind tolle Stofflieferanten – sie lassen sich hervorragend zu Superhelden-Capes umfunktionieren! Lass deiner Fantasie freien Lauf und überlege, welche Alltagsgegenstände du zweckentfremden könntest. Mit Klettverschlüssen und Sicherheitsnadeln kannst du ein Kleidungsstück für einen Abend umändern, ohne gleich zu Nadel und Faden greifen zu müssen.

HÖR DICH UM

Finde heraus, ob dir jemand aus deinem Bekanntenkreis etwas leihen kann. Eine Perücke oder einen Hut für dein Kostüm bekommst du vielleicht von einer Freundin. Dann brauchst du nicht etwas zu kaufen, von dem du weißt, dass du es nie wieder tragen wirst.

KAUFE SECONDHAND

Schau dich für dein Kostüm in einem Secondhandladen um. Und denk dran: Wenn du es nicht mehr brauchst, kannst du es wieder einem gemeinnützigen Secondhandgeschäft spenden.

AUS ALT MACH NEU

Beim *Refashioning* oder Upcycling kann aus alten Kleidungsstücken etwas Neues und Aufregendes entstehen. Etwas, das vielleicht für unbrauchbar oder überflüssig gehalten wurde, wird aufgewertet. Dabei können echte Überraschungen herauskommen.

Hobbyschneiderinnen und einige junge Designer experimentieren mit *Refashioning*, um Textilabfälle zu verwerten. Upcycling bereits vorhandener Kleidung in großen Mengen ist sehr schwierig, da jedes Teil separat geändert wird. Im Vergleich zur massenproduzierten Ware im Einzelhandel wird die Produktion dadurch langsamer und teurer. Aber durch *Refashioning* und Upcycling wird ein Kleidungsstück fast immer zu einem Unikat – du weißt also, dass du nie auf jemanden treffen wirst, der das Gleiche trägt wie du. Außerdem verhindert man so, dass Textilien auf der Mülldeponie landen oder verbrannt werden.

ÜBERSCHUSS KONTRA BEDARF

Einige Designer verwenden für ihre Kollektionen »Rollenenden« oder zurückgegebenen Überschuss. Streng genommen ist das kein Upcycling, da diese Stoffe noch nie verarbeitet wurden. Stattdessen stammen sie aus Überproduktionen, die in der Modebranche ein bekanntes Problem sind. Gegen die Verwendung solcher Stoffe spricht, dass große Modemarken dann einfach damit weitermachen können, zu viel Material zu bestellen.

Eine tolle Idee für dein erstes *Refashioning*-Projekt:

Jeansweste

1. Nimm ein ärmelloses Oberteil und lege es so auf eine alte Jeans, dass der untere Saum des Oberteils mit dem Hosenbund abschließt. (Der Bund wird zum unteren Teil deiner Jacke.)

2. Trenne den Reißverschluss mit einem Nahttrenner oder einer Schere heraus und entferne die verbliebene Naht, sodass sich die Vorderseite der Jacke vollständig öffnen lässt.

3. Zeichne den Umriss des Oberteils mit Schneiderkreide nach und füge dabei eine Nahtzugabe von 1 cm hinzu. Schneide den Jeansstoff entlang der Linie aus.

4. Nähe den Stoff an den Seiten und Schultern zusammen.

FLECKEN

Wenn ein Kleidungsstück einen Fleck hat, der sich nicht mehr entfernen lässt, muss man es nicht gleich aussortieren. Sieh es als Gelegenheit für kreative Änderungen und Experimente! Trau dich und probiere ein neues Design aus. Du kannst die hier gezeigten Techniken verwenden, um die Flecken zu verbergen.

Flecken nerven, vor allem, wenn man sich nicht gleich darum kümmert. Bei der Fleckentfernung geht es um Chemie. In der Tabelle unten erfährst du, wie du Flecken mit einfachen Mitteln wieder herausbekommst.

DIE WISSENSCHAFT DAHINTER

Wenn der Fleck noch frisch ist, tupfe ihn mit einem Papiertuch ab oder halte das Kleidungsstück unter fließendes kaltes Wasser (heißes Wasser versiegelt den Fleck). Anschließend suchst du dir hier die richtige Methode aus:

Kugelschreiber – mit Essig, Seife oder Haarspray einreiben oder in Milch einweichen

Blut – mit Natron, Essig oder Speisestärke einreiben oder in Salzwasser einweichen

Kerzenwachs – abkratzen oder mit Lösch- oder Küchenpapier abdecken und darüberbügeln

Kaugummi – einfrieren oder mit einem Eiswürfel aushärten, dann abkratzen

Kaffee – in lauwarmem Wasser einweichen, dann normal waschen

Erde – trocknen, ausbürsten, dann normal waschen

Schweißflecken – vorsichtig mit Natron, Essig oder Zitronensaft einreiben

Öl – mit Geschirrspülmittel oder Shampoo einreiben

PATCHES

Bei dieser Technik wird ein Stück Stoff auf dem Kleidungsstück befestigt, und zwar so, dass ein Bild oder ein Muster entsteht. Nimm Stoff in einer Kontrastfarbe und zeichne mithilfe einer Mustervorlage aus Papier und Schneiderkreide die gewünschte Form. Du kannst auch etwas frei mit der Hand zeichnen. Schneide den Patch aus, lege ihn auf das Kleidungsstück und fixiere ihn mit Stecknadeln und einigen großen Vorstichen (siehe Seite 52). Wenn der Stoff einen hohen Schmelzpunkt hat (bei Synthetikfasern solltest du auf die Temperatureinstellung am Bügeleisen achten), kannst du auch Vlies zum Aufbügeln verwenden. Nähe den Patch mit kleinen Stichen am Außenrand fest, sodass der Fleck verdeckt ist. Mit Schling- oder Überwendlingsstichen verhinderst du, dass der Stoffrand ausfranst (siehe Seite 53). Entferne Stecknadeln und Vorstiche. Fertig!

Wenn es schnell gehen soll, kannst du Flecken mit Stoffmalstiften färben. Lass deiner Fantasie freien Lauf!

HAND- ODER LINOLDRUCK

Wenn du klare geometrische Formen oder zarte, dekorative Muster magst, kannst du dein Kleidungsstück damit bedrucken. Dafür brauchst du keine speziellen Werkzeuge, ein Messer und eine Kartoffel eignen sich genauso gut zum Anfertigen des Stempels wie Holz, Gummi, Schaumstoff oder Linoleum. Schneide oder schnitze das gewünschte Motiv in das Material, das du dir ausgesucht hast. Bedrucke das Teil dann mit Stofffarbe (achte darauf, dass sie für den gewählten Stoff geeignet ist). Du kannst das Motiv auch mehrmals aufdrucken, dann wird es zu einem Muster, das sich nicht nur über den Fleck, sondern über das gesamte Kleidungsstück zieht.

Der Fleck lässt sich weder entfernen noch abdecken? Auf Seite 84 findest du Tipps zum Färben mit der *Shibori*-Technik.

NATURFARBEN

Natürliche Farbstoffe sind eine tolle Möglichkeit, wenn du alte Kleidungstücke aufpeppen und Flecken verdecken willst, ohne giftige Chemikalien dafür zu verwenden. Bereits in der Jungsteinzeit wurden weltweit Naturfarben benutzt, synthetische Farbstoffe wurden erst im späten 19. Jahrhundert entdeckt. Heute resultieren zwanzig Prozent der weltweiten industriellen Wasserverschmutzung aus der Bearbeitung und Färbung von Textilien. Mit Naturfarben lassen sich oft ganz erstaunliche Resultate erzielen. Experimentiere damit und finde heraus, welche tollen Farben du aus dem kreieren kannst, was die Natur dir bietet.

DAS BRAUCHST DU:

- alten, feuerfesten Topf
- Stoff*
- Rohstoffe zum Färben
- Beizmittel oder Fixativ, z.B. Alaun, Salzwasser (Verhältnis 16:1 – sechzehn Teile Wasser auf einen Teil Salz) oder Essigwasser (Verhältnis 4:1 – vier Teile Wasser auf einen Teil Essig)**
- Holzlöffel oder Stock
- Wasser
- Schutzmaske und Einmalhandschuhe
- Messer

** Ein ›Teil‹ kann jede beliebige Maßeinheit sein. Beispiel: Wenn ein Teil 100 ml sind und das Verhältnis für Essigwasser 4:1 ist, dann nimmst du 400 ml Wasser und 100 ml Essig.

* Farbstoffe funktionieren am besten auf pflanzen- oder proteinhaltigen Fasern (oder Stoffen, die zu mehr als 50 Prozent aus Naturfasern bestehen). Färbe den ausgewählten oder einen ähnlichen Stoff probeweise ein, bevor du dich an das eigentliche Kleidungsstück machst, damit du weißt, wie die Farbe aussieht. Notiere dir das Ergebnis für zukünftige Färbeprojekte.

Sicherheit geht vor! Trage eine Schutzmaske und Einmalhandschuhe und achte darauf, dass der Raum gut belüftet ist. Pass auf, wenn du das Färbebad erhitzt, und verwende alte Töpfe und Werkzeuge, die nicht mehr für die Zubereitung von Speisen verwendet werden.

1

STOFF VORBEREITEN

Vergewissere dich, dass das Kleidungsstück sauber ist. Behandle den Stoff mit deinem Beizmittel oder Fixativ. Das sorgt dafür, dass die Farbe sich mit dem Gewebe verbindet und sich nicht wieder herauswäscht oder verblasst!

2

FÄRBEBAD VORBEREITEN

Schneide die Rohstoffe klein und gebe sie in den mit Wasser gefüllten Topf (Verhältnis: ein Teil Rohstoffe auf zwei Teile Wasser). Erhitze das Wasser bis zum Siedepunkt, aber LASSE ES NICHT KOCHEN (das kann einige der Rohstoffe zerstören). Lasse das Färbebad bei geringer Hitze eine Stunde ziehen, bis die Farbe satter wird. Wenn sie dir gefällt, nimm oder siebe die Rohstoffe heraus.

3

STOFF FÄRBEN

Lege das Teil in das Färbebad. Lass es bei geringer Hitze 30 Minuten ziehen. Wenn dir die Farbe gefällt, hole das Teil mit dem Holzlöffel heraus. Lass es abkühlen, wring es aus und hänge es zum Trocknen auf.

ROHSTOFFE

Naturfarben werden vor allem aus Insekten, Pflanzen oder Pilzen gewonnen. Einige Rohstoffe, die du vielleicht bei dir zu Hause, in der Biomülltonne, im Garten oder in der freien Natur finden kannst, listen wir hier auf:

ZWIEBELSCHALEN
für Gelb- und Lilatöne

KURKUMAWURZEL ODER -PULVER
für kräftige Gelbtöne

KRAPPWURZEL
für kräftige Rottöne

ROTKOHL
für Blautöne

HIBISKUSBLÜTEN
für Rot- und Lilatöne

GRANATAPFELSCHALE
für Gelb- und Orangetöne

BEEREN UND AVOCADOKERNE
für Rosatöne

KAMILLE UND RINGELBLUME
für Gelbtöne

INDIGO
für kräftige Blautöne

SHIBORI

***Shibori* ist eine traditionelle japanische Färbetechnik, bei der das Gewebe so bearbeitet wird, dass Teile davon keinen Farbstoff annehmen, wodurch Formen und Muster entstehen. Der Stoff kann gefaltet, gedreht, abgebunden, zusammengedrückt, abgeklemmt und genäht werden, bevor er in das Färbebad gelegt wird. Weitere Formen der Reservefärbung, die in den 1960ern von Hippies populär gemacht wurden, sind Batik, bei dem Wachs als »Abdeckung« verwendet wird, und Schnurbatik. Das Schöne am *Shibori* ist, dass sich das Endergebnis kaum vorhersagen lässt. Stoffart, Textur, Farbe und die Bearbeitung des Stoffs sorgen dafür, dass immer ein Unikat entsteht.**

Itajime

Itajime ist eine Form des *Shibori*, bei der Zwingen aus Holz zum Abdecken verwendet werden. Du kannst die Zwingen aus unterschiedlich geformten Holzstücken und Schrauben selbst herstellen, Wäscheklammern eignen sich aber auch. Falte den Stoff zu Quadraten, Dreiecken oder in eine andere Form. Die Anordnung der Zwingen und die Art, wie der Stoff gefaltet wurde, sorgen dafür, dass bestimmte Bereiche die Farbe nicht annehmen. Auf diese Weise lassen sich viele tolle Muster gestalten.

DAS BRAUCHST DU:

- Unterschiedlich geformte Holzzwingen (Rechtecke, Kreise, Dreiecke oder Quadrate). Du kannst auch Wäscheklammern oder Clips verwenden.
- Schutzhandschuhe und Schürze
- Färbebad
- Wasser

1 VORBEREITEN

Falte den vorgewaschenen Stoff und fixiere ihn mit Holzzwingen oder Wäscheklammern.

2 EINTAUCHEN

Tauche den Stoff ganz oder teilweise in das Färbebad. Du kannst ihn auch nur kurz eintauchen, um einen sanfteren Farbverlauf zu erzielen.

3 OXIDIEREN

Damit sich die Farbe entwickeln kann, braucht sie Sauerstoff. Wenn du den Stoff auseinanderfaltest oder ihn unter fließendes Wasser hältst, kann er Luft bekommen.

4 WIEDERHOLEN

Wiederhole Färben und Oxidieren, bis dir die Farbe gefällt. Entferne die Zwingen und spüle die überschüssige Farbe mit kaltem oder warmem Wasser aus.

Probiere eines dieser Muster aus oder denk dir eigene aus.

5 AUFHÄNGEN

Hänge den Stoff zum Trocknen auf.

6 WASCHEN

Wasche den Stoff mit einem Feinwaschmittel in der Waschmaschine. Fertig!

Die verschiedenen Muster entstehen durch die Art, wie der Stoff gefaltet wird und die Zwingen gesetzt werden.

GANZ NEU

Beim Frühjahrsputz in deinem Kleiderschrank hast du ein paar vergessene Schätzchen entdeckt, vielleicht sogar mit neuen Styles experimentiert, und jetzt hast du eine Auswahl an tollen Sachen übrig. Du hast an einer Kleidertauschbörse teilgenommen, einige Teile im Internet verkauft und die Vorteile von Secondhandläden entdeckt. Die Kleidungsstücke, die dir nicht mehr so richtig gefallen haben, hast du umgeändert oder sorgsam repariert, aber jetzt bist du an einem Punkt angelangt, an dem du unbedingt etwas Neues brauchst. Und damit bist du auf deiner Reise durch die Welt der nachhaltigen Mode bei der nächsten Station angelangt: neuer Kleidung …

Jedes Jahr werden weltweit etwa 100 Milliarden neue Kleidungsstücke produziert. Wie kannst du deine persönlichen Werte – Umweltbewusstsein, Auswirkungen auf das Leben von Menschen, Tierrechte – mit dem gigantisch großen Angebot an Textilien in Einklang bringen? Welche Stoffe sind am besten? Ist Öko-Mode besser als fair gehandelte Ware? Woher weißt du, dass für die Herstellung der Sachen, die du kaufst, keine Menschen ausgebeutet wurden? Solltest du eine bestimmte Marke boykottieren, weil ihr Umweltbewusstsein mangelhaft ist?

Wenn du dich informierst, weißt du, worauf du achten musst, damit du Mode nachhaltig kaufen kannst. Und wenn du die Probleme kennst und sie lösen willst, ...

... KANNST DU DICH FÜR EINE BESSERE MODEINDUSTRIE MIT MEHR SOZIALER VERANTWORTUNG EINSETZEN, FÜR DIE MENSCHEN UND UMWELT AN ERSTER STELLE STEHEN.

In diesem Teil werden wir einige der zentralen Herausforderungen ansprechen, denen sich die Modeindustrie heutzutage gegenübersieht, angefangen bei Menschenrechtsverletzungen in der Produktion von T-Shirts über aufregende Innovationen bei der *Zero-Waste*-Fertigung bis hin zu alternativen Stoffen und Mode-Aktivismus. Du bekommst nicht nur die Informationen, die du brauchst, um bewusster einkaufen zu können, sondern kannst dir auch überlegen, ob du nicht in der Modebranche arbeiten willst, um ganz konkret etwas zu bewirken.

Ein afrikanischer Baumwollbauer verdient im Durchschnitt nicht einmal 700 Euro im Jahr.

TATSÄCHLICHE KOSTEN

Kehren wir zum Lebenszyklus unseres T-Shirts zurück und sehen uns an, welche Kosten es auf den einzelnen Etappen seiner Reise zu dir tatsächlich verursacht.

Stell dir vor, jede Stufe des auf Seite 12 gezeigten Prozesses entspricht einem Job in der Lieferkette (genau genommen sind es noch viel mehr, aber fürs Erste vereinfachen wir das Ganze!). Denk darüber nach, was bei diesen Jobs gemacht werden muss und wie viel Zeit und welche Fähigkeiten man dafür braucht.

Nehmen wir mal an, du hast das T-Shirt für fünf Euro gekauft. Und jetzt stell dir vor, du müsstest diese fünf Euro unter den Leuten verteilen, die an der Produktion des T-Shirts beteiligt waren. Sehr weit kommst du mit diesem Betrag nicht, stimmts? Auch das Geschäft, in dem du das Teil gekauft hast, muss seine Miete und Rechnungen bezahlen und noch Gewinn machen.

Die Lösung besteht leider nicht einfach darin, dass wir als Konsumenten mehr bezahlen. Ein hoher Preis bedeutet nämlich nicht unbedingt, dass Textilien sozial verantwortlich und nachhaltig produziert werden und die Arbeiterinnen einen angemessenen Lohn erhalten ... denn die Modemarken wollen vor allem eins: Gewinn machen.

Ein Baumwoll-T-Shirt mag für eine bewusste Konsumentin auf den ersten Blick wie eine gute Wahl aussehen, aber sein relativ geringer Preis hat Schattenseiten für die an seiner Produktion beteiligten Menschen und Länder.

Die Massenproduktion von Baumwolle hat eine lange, problematische Geschichte. Im 19. Jahrhundert explodierte der Welthandel mit Baumwolle geradezu und die gewaltige Nachfrage konnte nur dadurch befriedigt werden, dass Menschen aus Afrika in den Vereinigten Staaten versklavt wurden. Baumwolle war so beliebt, dass sie zum ersten massenproduzierten Stoff wurde, der weltweit gehandelt wurde, was für Millionen Afrikaner verheerende Auswirkungen hatte.

Auch heute noch gibt es moderne Baumwollsklaverei, weshalb sich einige Marken zusammengetan haben und zum Beispiel keine Baumwolle aus Usbekistan mehr kaufen. Denn die usbekische Regierung zwingt jedes Jahr mehrere Hunderttausend Menschen dazu, als Pflücker auf den Baumwollfeldern zu arbeiten. Manchmal ist es allerdings schwierig, die genaue Herkunft der Baumwolle zurückzuverfolgen, sodass einige Marken die Baumwolle vermutlich weiterhin verarbeiten, weil sie nichts davon wissen.

Eine Näherin in Bangladesch verdient durchschnittlich 80 Euro im Monat.

Der CEO einer Modemarke verdient in seiner Mittagspause so viel wie eine Näherin in einem Jahr.

WEISSES GOLD

Sage und schreibe 50 Prozent aller weltweit produzierten Kleidungsstücke bestehen aus Baumwolle. Sie ist unglaublich vielseitig und kann unterschiedliche Bezeichnungen haben, je nachdem, wie die Faser gestrickt oder gewoben wird. Köper, Popeline, Cord, Jersey, Musselin und Denim sind Baumwollstoffe unterschiedlicher Qualität und es gibt noch viele andere. Vielleicht überrascht es dich, dass Baumwolle eine unglaublich durstige Pflanze ist, die häufig in heißen Ländern wie Indien angebaut wird, wo Wasser knapp ist …

Zurück zu unserem T-Shirt: Pro Jahr werden weltweit 2,4 Milliarden neue T-Shirts produziert. Bei der Produktion eines einzigen Shirts werden bis zu 2.700 Liter Wasser verbraucht, abhängig davon, wo und wie die dabei verarbeitete Baumwolle angebaut wird. Wasser ist elementar für den Fortbestand allen Lebens auf der Erde, ein Erwachsener trinkt beispielsweise durchschnittlich zwei Liter am Tag. Aber lediglich ein Prozent des weltweit vorhandenen Wassers ist als Trinkwasser geeignet.

KANNST DU DIR VORSTELLEN, WIE VIELE LITER TRINKWASSER BEI DER PRODUKTION DEINER KLEIDUNGSSTÜCKE AUS BAUMWOLLE VERBRAUCHT WURDEN?

Indien ist einer der größten Baumwollexporteure der Welt. Mit dem Wasser, das beim Baumwollanbau verbraucht wird, könnten 85 Prozent der 1,4 Milliarden Einwohner Indiens ein Jahr lang jeden Tag mit 100 Litern Wasser versorgt werden. Aber über 100 Millionen Menschen in Indien haben überhaupt keinen Zugang zu Trinkwasser.

Indiens Wasserverbrauch beim Baumwollanbau ist weitaus höher als im Rest der Welt und es gibt keine Möglichkeiten, ihn zu reduzieren. Auch die Wasserverschmutzung ist in Indien erheblich dramatischer, da 50 Prozent aller in Indien eingesetzten Pestizide in der Baumwollproduktion verwendet werden und so ins Grundwasser gelangen.

Indiens Anteil an der weltweiten Produktion von Biobaumwolle, bei der weniger Wasser verbraucht wird, da keine Chemikalien eingesetzt werden, liegt bei zwei Dritteln. Das sind aber gerade einmal zwei Prozent der gesamten Baumwollernte des Landes.

Das weltweit tätige Pharmaunternehmen Bayer produziert neben chemischen Pestiziden und Düngemitteln auch Saatgut. Zurzeit beherrscht Bayer 95 Prozent des indischen Baumwollsamenmarkts. Daher haben die Bauern Schwierigkeiten, nicht gentechnisch verändertes Biosaatgut zu kaufen, mit dem sie weniger Wasser und weniger Chemikalien für den Baumwollanbau bräuchten.

Was ist mit dem Aralsee passiert?

Der Aralsee in Zentralasien war früher der viertgrößte Binnensee der Welt. Er liegt in Usbekistan und Kasachstan. Früher war er gigantische 68.000 Quadratkilometer groß. Doch in den 1950ern leitete die damalige Sowjetunion Flüsse, die in den Aralsee mündeten, zur Bewässerung umliegender Baumwollfelder um. Wegen des nicht nachhaltigen, industriellen Baumwollanbaus ist ein ehemals blühendes Fischerdorf jetzt eine Salzwüste. Heute sind nur noch zehn Prozent des ursprünglichen Aralsees übrig.

SCHÄDLICHE PESTIZIDE

Die gestiegene Nachfrage nach billiger Baumwolle hat zu intensivem industriellen Anbau geführt. Schädlinge und Insekten lieben Baumwolle und können eine Ernte komplett vernichten. Konventionelle Bauern sind zunehmend auf chemische Düngemittel und Pestizide angewiesen, um Ungeziefer zu vernichten, das die Pflanze schädigen könnte. Darüber hinaus sind inzwischen zwei Drittel der weltweit verwendeten Baumwollsamen gentechnisch verändert und müssen mit chemischen Düngemitteln und Pestiziden geschützt werden.

Diese Chemikalien zerstören empfindliche Ökosysteme und schädigen die Gesundheit der Menschen, die auf den Baumwollplantagen arbeiten. Durch das großflächige Besprühen von Baumwollfeldern wird nicht nur eine Insekten- oder Schädlingsart getötet – die Pestizide töten und schädigen alle Tiere, selbst die »guten«. Chemikalien im Boden gelangen in die Wassersysteme und verunreinigen das Wasser in der ganzen Region. Auch die Arbeiter auf den Baumwollfeldern und die Menschen, die in der Nähe der Felder leben, kommen in Kontakt mit den giftigen Pestiziden, was zu schweren gesundheitlichen Problemen (z.B. Krebs oder neurologische Erkrankungen) und mitunter auch zum Tod führen kann.

NIMM BIO

Biolebensmittel werden ohne den Zusatz von schädlichen Pestiziden oder Düngemitteln produziert. Dieses Prinzip lässt sich auch auf unsere Kleidung übertragen. In der Biolandwirtschaft werden traditionelle Anbaumethoden genutzt, die nicht gegen die Natur arbeiten, sondern mit ihr. Die Bauern bepflanzen ihre Felder im regelmäßigen Wechsel mit unterschiedlichen Arten und lassen sie auch einmal ungenutzt (in sogenannten Brachjahren), um nach dem Anbau von Baumwolle dafür zu sorgen, dass wichtige Nährstoffe wieder in den Boden gelangen. Chemische Düngemittel braucht man dann nicht mehr.

Ein wichtiger Aspekt dieser Art von Landwirtschaft ist es, Schädlinge zu identifizieren, die die Ernte gefährden könnten. Cashewbäume in der Nähe der Baumwollfelder können helfen, schädliche Insekten von den Feldern wegzulocken. Bauern können Pflanzen wie z.B. Neem verwenden, um ein natürliches Insektenschutzmittel herzustellen.

Biobaumwolle hat den Vorteil, dass sie weniger Wasser verbraucht, was wiederum zu besseren Löhnen für Bauern führt und ihre Gesundheit und die Umwelt weniger belastet. Biobaumwolle wird immer beliebter, da Modemarken auf die verstärkte Nachfrage der Verbraucher reagieren, aber zurzeit macht sie nur etwa ein Prozent der weltweiten Baumwollproduktion aus. Es dauert drei Jahre, bis ein konventioneller Baumwollbauer auf Ökoanbau umgestellt hat. Dabei muss er strenge Standards erfüllen, um offizielle Zertifizierungen zu erhalten. Das kostet Geld und dadurch wird auch die Kleidung teurer. Wenn du neue Sachen kaufst, solltest du auf offizielle Biozertifizierungen achten, z.B. den *Global Organic Textile Standard* (GOTS) oder den *Organic Content Standard* (OCS).

HANF-ZAUBER

Hanffasern wurden schon vor mehr als 10.000 Jahren zu Garn gesponnen. Hanf ist eine ungeheuer vielseitige Pflanze: Er wächst in fast jedem Klima und kann zu Papier, Seil, Textilien, Kleidung, biologisch abbaubaren Kunststoffen, Farbe, Dämmungsmaterial, Lebensmitteln und Tierfutter verarbeitet werden. Aber das sind längst noch nicht alle Vorteile: Er wächst schnell, braucht nur sehr wenig Wasser (im Vergleich zu Baumwolle), muss kaum mit Pestiziden behandelt werden, ist unglaublich widerstandsfähig und filtert sogar Giftstoffe aus Boden und Luft.

Obwohl Hanf so vielseitig ist, ist er im Laufe der Jahre immer wieder aus der Mode gekommen. Heinrich VIII. war ein großer Hanf-Fan, er erließ sogar ein Gesetz, nach dem Bauern, die keinen Hanf anbauen wollten, mit einer Strafe belegt wurden. Auch bei der Marine, die Hanf für Segel und Taue verwendete, war die Pflanze sehr beliebt. Gleich zwei Präsidenten der Vereinigten Staaten – George Washington und Thomas Jefferson – bauten Hanf an. Trotzdem gibt es sowohl in Europa als auch in den Vereinigten Staaten Beschränkungen für den Umgang mit Hanf, man benötigt eine Zulassung dafür und manchmal ist er sogar gesetzlich verboten.

Aber warum? Einer Theorie zufolge nutzte der US-Zeitungsmagnat Randolph Hearst in den 1930ern seinen Einfluss, um gegen Hanf vorzugehen. Er hatte in Zellulose und Baumwollsamenöl investiert und ein wirtschaftliches Interesse daran, Hanf für illegal erklären zu lassen. 1937 überredeten Lobbyisten aus der Papier-, Holz- und Chemieindustrie die US-Regierung dazu, die Hanfproduktion zu verbieten. Das Verbot fiel zeitlich mit der Erfindung der Kunstfaser Nylon zusammen.

Die erste *Levi's*-Jeans war aus Hanf.

BLÜTEZEIT DES HANFS

Im Zweiten Weltkrieg wurden die Hanflieferungen von den Philippinen in die Vereinigten Staaten von einem Tag auf den anderen eingestellt, daher legte die Regierung eine komplette Kehrtwende hin. Das Hanfverbot wurde ausgesetzt und Bauern wurden aufgefordert, die Pflanze anzubauen, um Material für Uniformen und Fallschirme zu beschaffen.

In den 1960ern erlebte Kleidung aus Hanf einen erneuten Aufschwung, da seine Umweltverträglichkeit den Grundsätzen der Hippie-Bewegung entsprach. Später kam er wieder aus der Mode, da die Verbraucher den »kratzigen« Ökostoff mieden und lieber zu synthetischen Fasern griffen. Heute ist China, gefolgt von Frankreich, der größte Hanfproduzent der Welt und die Beschränkungen wurden erheblich gelockert. In den Vereinigten Staaten wurde ein neues Gesetz erlassen, nach dem der Anbau von Hanf nicht mehr gesetzlich verboten ist. Vielleicht ist Hanf ja wieder im Kommen!

SIND JEANS NACHHALTIG?

Jeden Tag tragen schätzungsweise 50 Prozent der Weltbevölkerung Jeans – Jeans hängen in so gut wie jedem Kleiderschrank. Wenn Jeans so entworfen und gefertigt würden, dass sie lange halten, könnten sie eine gute Wahl in Sachen bewusster Konsum sein, aber in Wahrheit ist es mit der Nachhaltigkeit nicht ganz so weit her.

AUF DAS MATERIAL KOMMT ES AN

Jeans werden in der Regel aus Baumwolle angefertigt, die, wie wir jetzt wissen, eine sehr durstige Pflanze ist und (falls sie nicht biologisch angebaut wird) mit gewaltigen Mengen an chemischen Düngemitteln und Pestiziden behandelt wird. Schätzungsweise 8.000 Liter Wasser sind erforderlich, um die Baumwolle für eine einzige Jeans zu produzieren. Das entspricht etwa 100 gefüllten Badewannen!

Der Stoff moderner Jeans enthält häufig einen Stretchanteil, was bedeutet, dass der Baumwolle synthetische Fasern wie z.B. Lycra oder Elasthan beigemischt wurden. Diese Mischfasern können zurzeit noch nicht ohne negative Auswirkungen auf die Umwelt recycelt werden. *Levi's* entwickelt gerade ein Verfahren, um Hanf – eine strapazierfähige Faser, deren Anbau weniger aufwendig ist (siehe Seite 94) – zu einem Ersatz für Baumwolle zu machen.

ABGETRAGEN

Jeans waren die unverwüstliche Uniform von Arbeitern und Cowboys in den Vereinigten Staaten. Sie wurden 1873 von Levi Strauss und dem Schneider Jacob Davis erfunden. Die Metallnieten und verstärkten Nähte sorgten dafür, dass die Hosen strapazierfähig waren und auch unter extremen Arbeitsbedingungen getragen werden konnten.

Wenn Jeans häufig getragen werden, bleichen sie im Lauf der Zeit aus oder reißen ein und entwickeln so eine charakteristische »Patina«. Viele Modemarken stellen diesen Look künstlich her, damit die Jeans alt aussieht, bevor sie überhaupt verkauft wird. Säurewäsche, Steinwäsche und Sandstrahlen sind gängige Verfahren dafür. Beim Sandstrahlen wird Sand unter Hochdruck auf den Stoff geschossen, um ihn auszubleichen und manuell altern zu lassen. Dabei können Arbeiter, die keine Schutzkleidung tragen, an der tödlichen Lungenkrankheit Silikose erkranken. Jedes dieser künstlichen Verfahren verkürzt die Lebensdauer des Stoffs, da sie das Gewebe schwächen. Zum Glück gibt es noch andere Möglichkeiten, um ein Kleidungsstück so aussehen zu lassen, als würde es gleich auseinanderfallen: Wir können es oft und lange tragen!

WUNDERBARE WOLLE

Wolle ist ungeheuer vielseitig. Egal, ob sie verstrickt oder verwoben wird, sie wärmt hervorragend, ist wasserabweisend und UV-beständig und lässt sich ganz einfach färben. Ganz zu schweigen davon, dass sie unglaublich lange hält. Trotz ihrer vielen Vorteile steht Wolle jedoch im Schatten von synthetisch hergestellten Stoffen und macht nicht einmal zwei Prozent aller verarbeiteten Fasern aus.

Als natürliche und biologisch abbaubare Faser hat Wolle eine Menge Eigenschaften, die in Sachen Nachhaltigkeit ein Lob verdienen. Sie ist selbstreinigend, antibakteriell, schmutzabweisend und knitterfest. Falls du nicht gerne wäschst, solltest du Wolle tragen! Im Gegensatz zu synthetisch hergestellten Stoffen neigt Wolle nicht zum »Müffeln«, was sie zu einem weitaus besseren Material für Sportkleidung macht. Vor allem auch deshalb, weil sie eine atmungsaktive Faser ist, die dich abkühlt, wenn dir warm wird, und dich wärmt, wenn du frierst. Das erklärt auch, warum Wolle in fast allen Klimazonen getragen werden kann.

Abhängig vom Klima, dem Zugang zu Unterständen und Art und Rasse werden Tiere wie Schafe, Ziegen, Lamas und Alpakas ein- oder auch mehrmals im Jahr geschoren. Dies soll verhindern, dass den Tieren in den Sommermonaten zu heiß wird. In einigen Fällen geht es auch darum, Insektenbefall und Krankheiten zu vermeiden. Haar bzw. Wolle wächst wieder nach und ist daher ein erneuerbares Nebenprodukt.

2010 wurde die globale Initiative *Campaign for Wool* gestartet, um die Vorteile von Wolle bekannter zu machen, mit Farmern, Herstellern und Designern zusammenzuarbeiten und die internationale Nachfrage nach Wolle zu steigern.

IST WOLLE NACHHALTIG?

Einige Tierschützer behaupten, dass Tiere gezielt so gezüchtet werden, dass sie mehr Wolle produzieren und geschoren werden *müssen*. Wildrassen haben gerade so viel Wolle, dass sie dadurch geschützt werden. Bei Haustierrassen wie dem Merinoschaf ist das nicht der Fall; diese Tiere produzieren zu viel Wolle, damit der Mensch sie nutzen kann.

Selektive Züchtung von Pflanzen und Tieren gibt es seit vielen Hunderttausend Jahren, aber Tierschützer vertreten die Auffassung, dass ein solches Eingreifen des Menschen in die Natur eine Form von Grausamkeit ist. Befürworter von Wolle halten dagegen, dass es grausamer wäre, Schafe nicht zu scheren, da sie sonst an Überhitzung sterben oder bewegungsunfähig werden könnten.

Auch das Scheren selbst kann ein Problem sein. Auf einigen der großen Farmen werden Schafscherer nach der Anzahl der geschorenen Schafe und nicht pro Stunde bezahlt, was dazu führt, dass sie schnell und rücksichtslos arbeiten und die Tiere beim Scheren verletzen. Das ist aber sicher nicht auf allen Farmen so, da die Arbeitsbedingungen je nach Land und Farm sehr unterschiedlich sein können.

MULESING

Schafe sind anfällig für die Fliegenmadenfraßkrankheit, die schwerwiegende Folgen hat und manchmal auch zum Tod führt. *Mulesing* ist ein umstrittener chirurgischer Eingriff, bei dem Hautstreifen am Hinterteil der Schafe abgeschnitten werden, um zu verhindern, dass Schmeißfliegen dort ihre Eier ablegen. In Australien sind manche Farmer der Meinung, dass *Mulesing* zwingend notwendig sei, um zu verhindern, dass die Schafe qualvoll eingehen könnten. Proteste von Verbrauchern und Tierschützern haben dazu geführt, dass

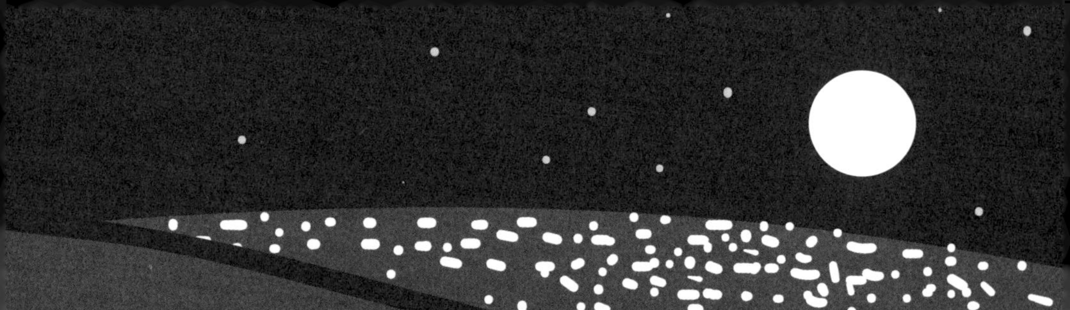

einige Modemarken
Wolle von Farmen, die diese
Prozedur anwenden, nicht mehr kaufen.
In Neuseeland trat das gesetzliche Verbot von *Mulesing* 2018 in Kraft. Eine mögliche Lösung für das Problem der Fliegenmadenfraßkrankheit könnte die selektive Züchtung von Tieren mit weniger Hautfalten sein.

Wie jede industrielle Tierzucht hat auch die Schafzucht ökologische Auswirkungen. Es ist allgemein bekannt, dass Nutztiere Methan – ein Treibhausgas – ausstoßen. Weitere Probleme, die mit Nutztierhaltung einhergehen können, sind Versteppung, Mutterbodenabtrag und sogar Abholzung aufgrund von Überweidung. Aber einige Studien deuten auch darauf hin, dass gut geführte Schafherden den Boden mit dringend benötigten Nährstoffen versorgen können, die das Treibhausgas CO_2 binden.

Die einzigen Alternativen zu Wolle, die zurzeit von den Modemarken angeboten werden, sind synthetische Fasern wie Acryl oder Polyestermischungen, die ebenfalls nicht unproblematisch sind (siehe Seite 108). Diese nicht erneuerbaren Fasern sind umweltschädlich und geben beim Waschen Mikroplastik ab, das die Meeresflora und -fauna und unsere Wassersysteme gefährdet.

Die Frage, ob du Wolle tragen solltest oder nicht, lässt sich nicht mit Ja oder Nein beantworten. Aber du kannst dich informieren und die richtige Entscheidung für dich ganz persönlich treffen.

PLASTIK, PLASTIK

Wirf einen Blick auf die Pflegeetiketten deiner Kleidungsstücke. Falls du nicht ausschließlich Naturfasern kaufst, wirst du dort vermutlich ein buntes Sammelsurium an Azetaten, Polyamiden, Elasthan, Viskose, Nylon und Polyester finden. Und es wird dich überraschen, dass bei einigen deiner Kleidungsstücke Natur- mit synthetischen Fasern gemischt wurden.

Es gibt zwei Arten von Synthetikfasern: Die einen werden hergestellt, indem Zellulose aus natürlichen, erneuerbaren Quellen chemisch behandelt wird (z. B. Holzschliff), die anderen werden aus Nebenprodukten der Erdölindustrie gewonnen. Synthetische Fasern gibt es ungefähr seit dem 19. Jahrhundert. Damals wurde in einem chemischen Prozess die erste Kunstseide aus Zellulose gefertigt.

Seit den 1940ern werden Stoffe auch durch Synthese aus Erdöl, das bei der Raffination fossiler Brennstoffe für Autos und Flugzeuge übrig bleibt, hergestellt. Die bekanntesten sind Nylon, Polyester und PVC.

SYNTHETISCHE SECHZIGER

In den 1960ern, als Designer nach neuen Technologien und Materialien suchten und den Blick in die Zukunft richteten, hatte »Plastikmode« Hochkonjunktur. Die britische Modedesignerin Mary Quant experimentierte als Erste mit PVC als Material für Regenbekleidung, während Pierre Cardin in Frankreich seine *Space-Age*-Looks entwarf, die Kult geworden sind und die bis heute mit diesem Jahrzehnt assoziiert werden.

IST VISKOSE NACHHALTIG?

Viskose ist die älteste künstlich gefertigte Faser und wurde 1883 als Alternative zu Seide erfunden. Viskose (eine Form von Kunstseide) wird in mehreren chemischen und fertigungstechnischen Prozessen aus Zellulose hergestellt.

Da Viskose aus Pflanzen produziert wird, wird sie oft als umweltfreundlich und nachhaltig bezeichnet. Aber stimmt das?

Um Viskose herzustellen, muss sie chemisch behandelt werden. Die recycelte Zellulose wird mit Chemikalien wie Ammoniak, Azeton, Natriumhydroxid und Schwefelsäure behandelt. Viskose ist ein Stoff, der aus einer natürlichen und nachhaltigen Quelle stammt, aber mithilfe von Chemikalien produziert wird.

Viskose wird zunehmend im Lyocell-Verfahren produziert. Bei dieser Methode fällt wenig Abfall an, was sie erheblich umweltfreundlicher macht.

Heute ist über die Hälfte aller Fasern synthetischen Ursprungs. Weltweit werden 36 Millionen Tonnen Synthetikmaterial pro Jahr produziert. Ein Hersteller von Polyester würde sein Produkt damit anpreisen, dass das Gewebe extrem strapazierfähig, schnell trocknend und billig herzustellen ist. Es braucht jedoch sehr lange, um sich zu zersetzen (siehe Seite 34). Darüber hinaus gelangen jedes Mal, wenn Stoffe wie Polyester gewaschen werden, winzig kleine Mikrofasern (siehe Seite 108) in unsere Wasserversorgung.

DAS MATERIAL ZÄHLT

Alle Stoffe, aus denen unsere Kleidung hergestellt wird, kommen aus der Natur, aber die Art und Weise, in der die Rohstoffe dafür gewonnen, bearbeitet (synthetisiert) und verarbeitet werden, hat Einfluss auf Menschen und Umwelt. Doch die Frage, ob Natur- oder Synthetikfasern umweltfreundlicher sind, ist gar nicht so einfach zu beantworten. Du kannst die Vor- und Nachteile der verschiedenen Fasern gegeneinander abwägen, wenn du das Pflegeetikett durchliest und dich noch weiter informierst – zum Beispiel auf Seite 106.

Bei der Auswahl eines Kleidungsstücks sollten vier wichtige Punkte berücksichtigt werden:

1

IST DER STOFF STRAPAZIERFÄHIG?

Die Qualität eines Stoffs kannst du am besten überprüfen, indem du ihn anfasst. Wenn er sich weich und schwer anfühlt und lange Fasern enthält, bedeutet das wahrscheinlich, dass er robust ist und länger hält.
Überlege auch, ob er sich gut waschen und tragen lässt.
Aber selbst wenn der Stoff strapazierfähig ist – wenn das Teil schlecht vernäht ist, kann es trotzdem auseinanderfallen.

Beste Wahl: Leder, Polyester, Bast, Metall, Naturpolymere

2

WIE VIEL WASSER WURDE BEI DER HERSTELLUNG VERBRAUCHT?

Bei der Produktion von Stoffen wird immer Wasser benötigt, aber es gibt bestimmte Materialien, bei deren Herstellung weniger Wasser verbraucht wird als bei anderen. Erinnere dich an unser einfaches weißes Baumwoll-T-Shirt, für das bis zu 2.700 Liter Wasser notwendig sind. Um ein Kilogramm Baumwollstoff herzustellen, werden manchmal 10.000 Liter Wasser benötigt.

Beste Wahl: Bast

3

IST DER STOFF NACHHALTIG?

Die Ressourcen, die für die Herstellung von Textilien gebraucht werden – Wasser, Land und Energie –, sind nicht unbegrenzt vorhanden und du wirst herausfinden müssen, ob sie erneuerbar sind. Die Abholzung von Wäldern ist ein großes Problem, daher solltest du auf Zertifikate für nachhaltige und verantwortungsvolle Forstwirtschaft achten, wie sie zum Beispiel der *Forest Stewardship Council* (FSC) erteilt. Suche nach Textilien, die aus recycelten und erneuerbaren Materialien hergestellt wurden.
Die Modeindustrie ist für acht Prozent der weltweiten CO_2-Emissionen verantwortlich, und achtzehn Prozent aller weltweit verwendeten Pestizide werden im Baumwollanbau eingesetzt. Achte darauf, dass der Stoff, für den du dich entscheidest, so nachhaltig wie möglich ist.

Beste Wahl: Tierhaare (keine Haut!), Bast, Blätter, Samenhaare, Früchte, Naturpolymere (Viskose, Lyocell, Bambus, Azetat, Modal)

4

IST DER STOFF BIOLOGISCH ABBAUBAR?

Was passiert mit dem Stoff am Ende seines Lebenszyklus? Zersetzt er sich? Denk dran, dass bestimmte Verschlüsse und Besätze nicht zerfallen, zum Beispiel Reißverschlüsse aus Metall, Plastikknöpfe und Polyestergarn, mit dem Kleidungsstücke zusammengenäht werden.

Beste Wahl: Gummi (Naturgummi, nicht synthetisch hergestellter), Bast, Samenhaare, Blätter, Früchte, Protein

Die Modeindustrie verursacht mehr CO_2 als alle internationalen Flüge und die Seeschifffahrt zusammen.

DER FASERN-STAMMBAUM

Finde auf einen Blick heraus, wo ein Stoff herkommt

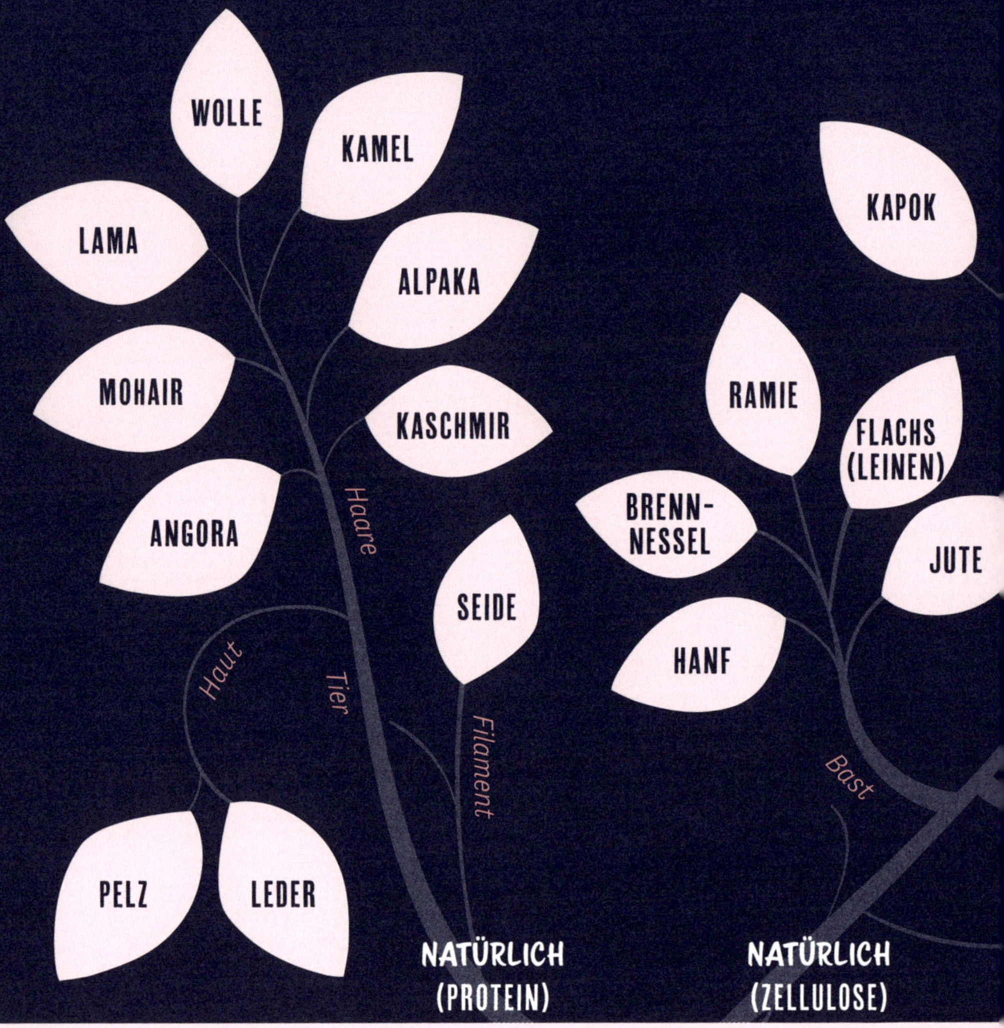

Natürliches Polymer
Natürlich vorkommende Fasern, die aus langen, aneinandergereihten Molekülen bestehen. Auch Biopolymer genannt.

Protein
Tierische Fasern

Filament
Faser mit praktisch unbegrenzter Länge, auch Endlosfaser genannt. Seide ist das einzige natürliche Filament.

Zellulose
Fasern, die aus den Zellwänd einer Pflanze gewonnen werden.

Natürlich
Fasern, die in der Natur vorkommen.

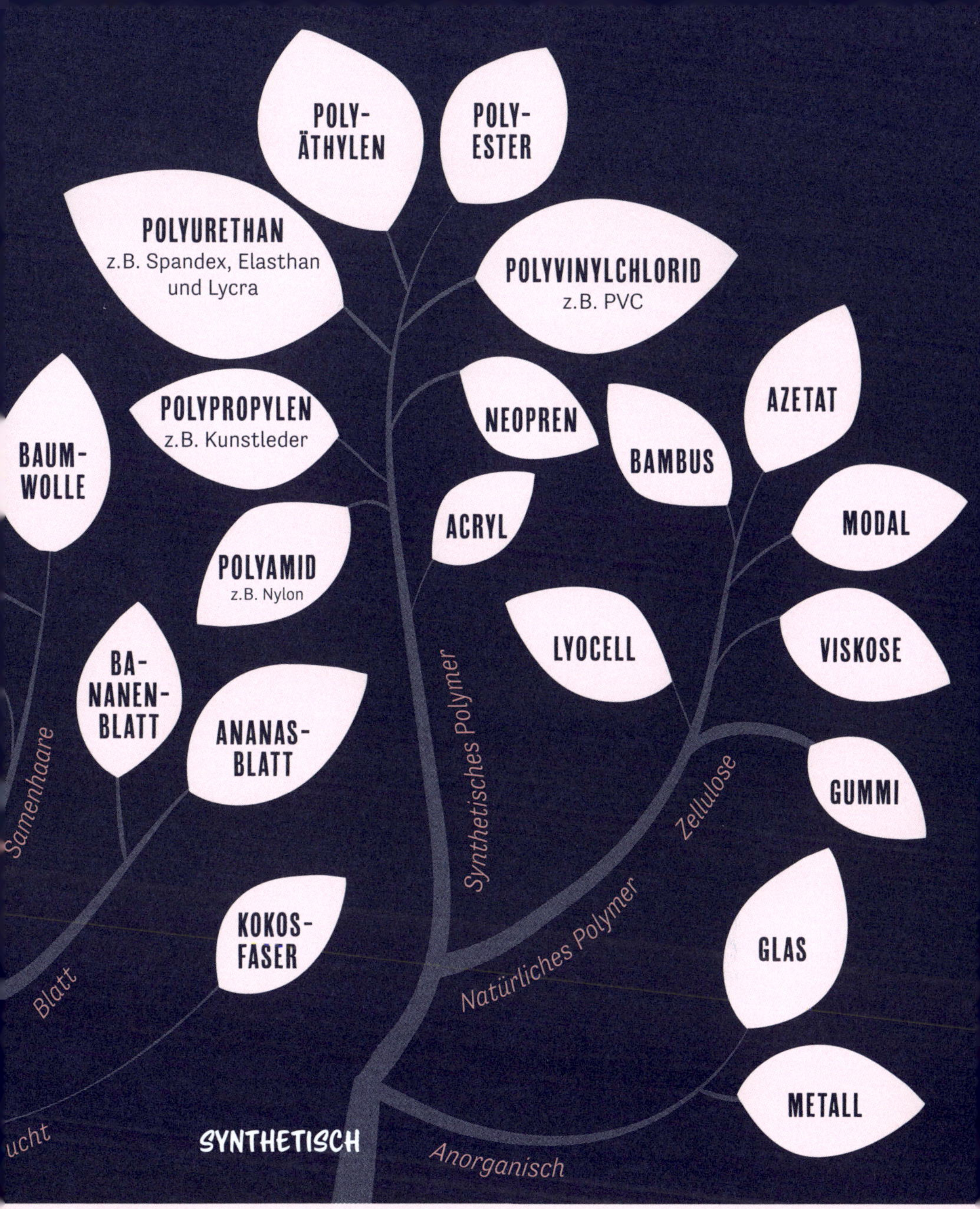

Synthetisch
ünstlich hergestellte Fasern, die mithilfe chemischer Synthese in Fabriken produziert werden.

Anorganisch
Material, das nicht von Pflanzen oder Tieren stammt, z.B. Steine, Mineralien und Metalle.

Bast
Faseriges Material im Innern von Pflanzen und Bäumen, zwischen der Rinde und dem Kern.

Synthetisches Polymer
Fasern, die als Nebenprodukt von Erdöl gewonnen werden.

MIKROFASER-WAHNSINN

Etwa zwei Drittel der Kleidungsstücke, die wir heute tragen, enthalten Synthetikfasern wie Polyester. Warum ist das ein Problem? Plastik! Schätzungen zufolge ist die Modeindustrie für ein Drittel der Plastikverschmutzung in den Weltmeeren verantwortlich – und Kunststoffe stehen im Zentrum dieser Umweltkatastrophe. Jedes Mal, wenn Kleidungsstücke aus Synthetikfasern in einer Waschmaschine gewaschen werden, lösen sich der Umweltorganisation Greenpeace zufolge etwa 700.000 winzige Plastikfasern aus dem Gewebe. Bei jedem einzelnen Waschgang!

Synthetikstoffe neigen zum »Müffeln« und das bedeutet, dass wir Textilien aus solchen Materialien häufiger waschen. Die Mikrofasern sind nicht einmal 5 mm lang und dünner als ein Haar. Sie sind so klein, dass sie im Flusensieb der Waschmaschine nicht hängen bleiben und schließlich über das Abwassersystem in die Meere gelangen, wo sie eine Bedrohung für alle Meeresorganismen darstellen. Mikroplastik wurde sogar schon in Fischen und Meerestieren gefunden, die für den menschlichen Verzehr verkauft wurden.

Wenn wir dieses Problem aus der Welt schaffen wollen, müssen alle mitmachen: Modemarken, Waschmaschinenhersteller und Wasserversorgungsbetriebe. Doch bis es eine Lösung gibt, wird es wahrscheinlich noch eine Weile dauern. Was kannst du jetzt schon tun? Ganz einfach: Wasch deine Kleidung nicht so oft.

Kleidungsstücke seltener zu waschen, hört sich vielleicht erst einmal unappetitlich an, ist aber eine gute Strategie, um deinen ökologischen Fußabdruck zu verkleinern – so sparst du Energie und spülst nicht mehr so viel Mikroplastik in die Weltmeere.

Wenn man alle zwei Tage eine Fünf-Kilo-Ladung Wäsche durchlaufen lässt und sie dann auch noch in den Trockner packt, entstehen dadurch in einem Jahr fast 440 Kilogramm CO_2, die vor allem vom Trockner verursacht werden. Stattdessen kannst du versuchen, deine Sachen an der Luft zu trocknen, idealerweise natürlich draußen.

WASCHE WENIGER ...

- Lüfte deine Sachen nach dem Tragen, dann kannst du sie noch einmal anziehen.
- Wenn du Haustiere hast, kannst du die Tierhaare mit einer Kleiderbürste oder mit Klebeband, das du dir um die Hand wickelst, entfernen.
- Wasche wegen eines Flecks nicht gleich das ganze Kleidungsstück, sondern versuche erst einmal, die betroffene Stelle zu reinigen.

WASCHE INTELLIGENTER ...

- Wasche bei 30 Grad* und mit einem kürzeren Programm, um Energie zu sparen und den CO_2-Ausstoß zu reduzieren.
- Achte darauf, dass die Waschmaschine voll beladen ist.
- Trockne deine Wäsche an der Luft bzw. im Freien.

* Wissenschaftler diskutieren zurzeit, ob bei niedrigen Waschtemperaturen mehr Mikroplastik freigesetzt wird.

Flecken!
siehe Seite 80

SECHSTER TEIL

FRAGE WARUM, BEVOR DU KAUFST

KAUFE WENIGER, KAUFE BESSER!

MODE DER ZUKUNFT

Es ist unmöglich, den Einfluss der Modeindustrie auf das Ökosystem zu ignorieren. Die Art und Weise, wie wir unsere Kleidung produzieren, verbrauchen und entsorgen, muss sich dringend ändern, wenn wir unsere Umwelt schützen wollen. Die meisten Textilien werden aus Tieren, Pflanzen oder fossilen Brennstoffen hergestellt, aber wir können nicht einfach so weitermachen und immer mehr natürliche Rohstoffe aus der Natur entnehmen. Wir dürfen keine giftigen Chemikalien in den Boden und die Wasserversorgung bringen. Wir dürfen nicht ignorieren, dass es einfach zu viele Textilien gibt, die wir gar nicht sinnvoll nutzen können. Und wir dürfen nicht damit fortfahren, arme Menschen auszunutzen, die bei geringem Lohn viele Stunden arbeiten, um die Kleidungsstücke herzustellen, die wir tragen.

Unser Umweltbewusstsein und unser soziales Gewissen sind mittlerweile so stark geworden, dass der Ruf nach drastischen Veränderungen immer lauter wird. Wir alle sind dafür verantwortlich, die Zukunft unserer Erde zu schützen, und die Modeindustrie muss dabei eine Vorreiterrolle einnehmen. Die Modebranche muss transparent sein, damit sie die Probleme, die zu lösen sind, sehen und verstehen kann. Sie muss ehrlich sein, damit wir sicher sein können, dass wir die gleichen Werte und die gleiche Philosophie verfolgen. Als bewusste Konsumenten müssen wir darauf vertrauen können, dass unsere Entscheidungen auf eindeutigen und frei zugänglichen Informationen beruhen.

Darüber hinaus muss die Modebranche die Verantwortung für den von ihr erzeugten Abfall übernehmen, indem sie weniger Textilien produziert und sicherstellt, dass alles, was sie herstellt, fachgerecht recycelt werden kann. Die Branche muss offen gegenüber Innovationen und neuen Technologien sein, aber nicht, um uns dazu zu bringen, noch mehr Kleidung zu kaufen, die wir gar nicht brauchen. Wir müssen dafür sorgen, dass die Textilproduktion weniger Wasser und weniger schädliche Chemikalien einsetzt und mit *Zero Waste* arbeitet, denn Recycling ist gut, aber nicht gut genug.

Die Modebranche, in der weltweit so viele Menschen arbeiten, muss diese Menschen respektieren. Sie muss ihnen eine sichere Arbeitsumgebung zur Verfügung stellen und einen angemessenen Lohn zahlen, der ihre Lebenshaltungskosten deckt.

Wir brauchen eine Modebranche, die sozial verantwortlicher und nachhaltiger ist, und wir müssen alle zusammen dafür sorgen, dass diese Entwicklung stattfindet. Als bewusste Konsumenten und aktive Bürger können wir eine Menge Druck auf Marken ausüben und unser Geld dort ausgeben, wo unser Gewissen nicht protestiert. Aber mit Geld allein lässt sich das Problem nicht lösen – so einfach ist es nicht. Nachhaltigkeit bedeutet, den Raubbau an Rohstoffen zu beenden und ein ökologisches Gleichgewicht zu schaffen, damit es das, was wir heute haben, auch für zukünftige Generationen geben wird.

ABER DIE GROSSE FRAGE IST ...

KANN MODE JEMALS NACHHALTIG SEIN?

ALTERNATIVE STOFFE

Die Modeindustrie ist zunehmend abhängig von Materialien auf der Basis fossiler Brennstoffe (z.B. Polyester und Nylon), die, wie wir wissen, negative Auswirkungen auf die Umwelt haben. Was die Alternativen angeht, sind Stoffe aus Naturfasern allerdings nicht automatisch besser als jene aus Synthetikfasern, vor allem dann nicht, wenn wir Aspekte wie Abholzung, Wasserknappheit, giftige Chemikalien und Tierschutz berücksichtigen. Es liegt auf der Hand, dass der Bedarf nach etwas Neuem und Anderem vorhanden ist.

Nachhaltigkeit sorgt für Innovationen im Bereich alternativer Stoffe, doch dafür ist eine Zusammenarbeit von Modemarken, die Forschungsergebnisse und Informationen miteinander teilen müssen, erforderlich. Wenn Modeunternehmen zusammen auf ein gemeinsames Ziel hinarbeiten, wird die Branche in Zukunft vielleicht einmal von sich behaupten können, nicht mehr zum Verlust der Artenvielfalt, zur Umweltverschmutzung, zum Abbau nicht erneuerbarer Ressourcen und zur Entstehung von unnötigem Abfall beizutragen.

Inspiriert von der Natur wird in den Laboren gerade fleißig an diesen neuen Stoffen geforscht. Was das angeht, leben wir in aufregenden Zeiten, und wer weiß, vielleicht tragen wir alle in ein paar Jahren Kleidung, die aus Essensresten besteht.

LABORSEIDE

Traditionell wird Seide aus den Kokons von Seidenwürmern gewonnen. Für einen Meter Seide braucht man die Kokons von etwa 1.500 Seidenwürmern. Biotechnologen haben das Seidenprotein untersucht, aus dem Spinnen ihr Netz weben, und konnten diese Seidenfäden nachbauen, indem sie eine Mischung aus Hefe, Zucker und DNA zum Gären brachten.

In einem einzigen Kleidungsstück können bis zu 8.000 Chemikalien stecken!

ORANGENSCHALE

Mithilfe von Chemikalien wird Zellulose aus übrig gebliebenen Orangenschalen gewonnen und für die Herstellung eines Stoffs mit der Haptik von Seide verwendet.

ANANASBLATT-FASERN

Piñatex besteht aus den Fasern von Ananasblättern, die bei der Ernte als Nebenprodukt anfallen. Normalerweise sind die Blätter Abfall und würden im Boden verrotten, aber stattdessen kann man einen biologisch abbaubaren Stoff aus ihnen gewinnen, der ähnliche Eigenschaften wie Segeltuch oder Leder hat (ohne die Bearbeitung mit Chemikalien in Gerbereien).

MYZEL

Aus dem unterirdisch wachsenden Teil von Pilzen wurden neue Stoffe entwickelt, deren Herstellung wenig Wasser verbraucht und die biologisch abbaubar und ungiftig sind.

BANANENSTÄMME

Bananenstämme sind ein Nebenprodukt der Lebensmittelindustrie und jedes Jahr fallen etwa eine Milliarde Tonnen von ihnen als Abfall an. Stoffe aus den Fasern von Bananenstämmen werden wegen ihrer weichen Struktur mit Bambus und Hanf verglichen.

ZIRKULÄRE MODE

Zirkuläre Mode ist bei Menschen, die sich für Verbesserungen in der Modebranche engagieren, in aller Munde. Zirkularität bedeutet, dass die Materialien, die in unserer Kleidung stecken, recycelt und zu neuer Kleidung verarbeitet werden. Dieses System würde eine Menge Probleme lösen. Es würde bedeuten, dass keine neuen Rohstoffe gebraucht werden, um neue Kleidung herzustellen, und deshalb würde es auch keinen Abfall mehr geben. Warum machen wir das nicht schon längst so?

Die Technologie, die einen geschlossenen Kreislauf möglich machen würde, ist noch nicht ganz entwickelt. Es gibt Versuche, Polyester zu 100 Prozent wiederzuverwenden, damit der Stoff unendlich oft verarbeitet werden kann. Viele Materialien bestehen jedoch aus Mischfasern, und wenn man Polyester Baumwolle beimischt, wird es erheblich schwieriger, das Polyester wieder herauszulösen. Zudem funktioniert der Ansatz eines geschlossenen Kreislaufs bei Naturfasern nicht gut, da die Fasern mit der Zeit schwächer werden. Das bedeutet, dass recycelten Naturfasern neue Rohstoffe beigemischt werden müssen, damit die neuen Textilien strapazierfähig und tragbar sind.

Wenn zirkuläre Mode funktionieren soll, müssen Designer das Konzept schon bei ihrem Entwurf berücksichtigen. Sie sollten gründlich über die Stoffauswahl nachdenken und Mischfasern vermeiden. Auch Details wie Verschlüsse, Etiketten und sogar Garne (viele bestehen aus Polyester), die einen geschlossenen Kreislauf verhindern könnten, müssten dabei bedacht werden. Zurzeit wird nur ein Prozent aller Kleidungsstücke zu neuen Textilien recycelt – es liegt also noch ein weiter Weg vor uns, doch langfristig gesehen könnte dieses System enorme Auswirkungen haben.

Branchenexperten haben sechzehn Grundprinzipien für Designer, Hersteller und Verbraucher aufgestellt, durch die zirkuläre Mode unterstützt und gefördert wird.

DIE 16 GRUNDPRINZIPIEN

1. *Zweckmäßigkeit*
2. *Langlebigkeit*
3. *Ressourceneffizienz*
4. *Biologische Abbaubarkeit*
5. *Recyclefähigkeit*
6. *Regionale Beschaffung und Produktion*
7. *Schadstofffreie Beschaffung und Produktion*
8. *Effiziente Beschaffung und Produktion*
9. *Verwendung von nachwachsenden Rohstoffen und erneuerbarer Energie für Beschaffung und Produktion*
10. *Einhaltung ethischer Grundsätze bei Beschaffung und Produktion*
11. *Erbringung von Dienstleistungen für eine lange Lebensdauer*
12. *Wiederverwendung, Recycling oder Kompostierung aller Reste*
13. *Gute und überregionale Zusammenarbeit*
14. *Behandle deine Kleidung pfleglich, wasche sie sorgfältig und repariere sie.*
15. *Miete, leihe, tausche, kaufe secondhand oder ändere deine Kleidung, anstatt neue Sachen zu kaufen.*
16. *Qualität statt Quantität*

ELVIS & KRESSE

INTERVIEW: DESIGNER VON ACCESSOIRES

Elvis & Kresse ist ein Designerteam, das mit Materialien arbeitet, die normalerweise auf einer Mülldeponie landen würden. Die beiden machen innovative Luxusprodukte wie Taschen, Portemonnaies und Gürtel daraus und spenden 50 Prozent ihres Gewinns an gemeinnützige Organisationen.

Wie hat alles angefangen?

Mit Abfall. Kresse kam 2004 nach England. Im gleichen Jahr sind 100 Millionen Tonnen Material auf Mülldeponien gelandet, nur im Vereinigten Königreich. Nach Besuchen bei Deponien, Umschlagstellen und Recyclingbetrieben trafen wir uns rein zufällig mit der Londoner Feuerwehr und begeisterten uns sofort für die beschädigten, ausgemusterten Löschschläuche. Wir wollten sie retten und gründeten unsere Firma.

Was für Probleme gibt es mit dem Material, aus dem Feuerwehrschläuche bestehen?

Feuerwehrschläuche müssen hitzebeständig, wasserdicht und robust sein ... daher zerfällt oder verwittert das Material nicht. Wenn es so beschädigt ist, dass es sich nicht mehr reparieren lässt, kann es nicht mehr als Feuerwehrschlauch verwendet werden, aber das bedeutet nicht, dass es auf einer Mülldeponie landen muss. Es hat immer noch die gleichen unglaublichen Eigenschaften und sollte weiterhin genutzt werden.

Was treibt euch an?

Vor allem die Umweltprobleme, die uns alle betreffen. Es gibt so viel zu tun!

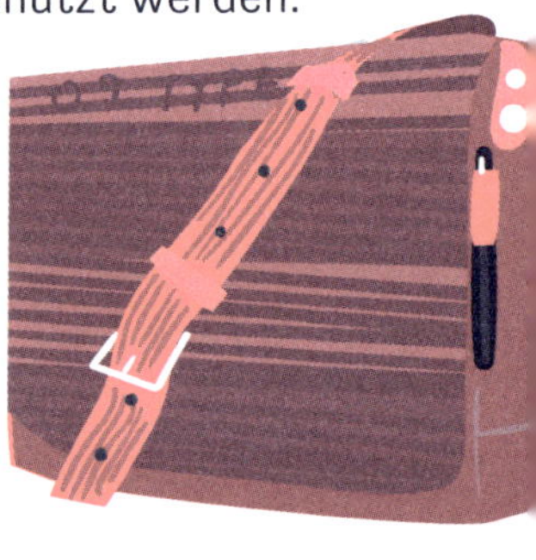

Was war euer größter Erfolg?

Als wir uns damit beschäftigten, das Problem mit den ausgemusterten Feuerwehrschläuchen zu lösen, hatten wir keine Ahnung, wie wir das anstellen sollten, aber nach fünf Jahren hatten wir eine Firma, die alle Schläuche retten und upcyceln konnte. Es war großartig, diesen Meilenstein zu erreichen, und inzwischen können wir auch größere Probleme angehen.

Wie sieht ein typischer Tag von euch aus?

Bei uns ist kein Tag gleich. Es kann sein, dass ich (Kresse) in der Werkstatt bin, bei Kunden oder auf einer Mülldeponie. Wir reden vielleicht mit Journalisten, drehen einen Kurzfilm, entwerfen ein neues Produkt oder stellen Recherchen zu einem Abfallmaterial an, das wir retten wollen. Das einzig Typische an unseren Arbeitstagen ist, dass wir ständig versuchen, unsere Prioritäten auszubalancieren, und damit beschäftigt sind, weiterhin Abfallprobleme zu lösen.

Welchen sozialen und ökologischen Einfluss habt ihr?

Seit 2005 ist kein einziger Feuerwehrschlauch aus London auf einer Mülldeponie gelandet. Wir retten inzwischen fünfzehn verschiedene Materialien und haben so erreicht, dass 200 Tonnen Material nicht auf einer Deponie gelandet sind, sondern stattdessen weiterhin genutzt werden. Außerdem haben wir über 110.000 Euro an gemeinnützige Organisationen gespendet.

Welche Pläne hat Elvis & Kresse für die Zukunft?

Zurzeit hält uns unser größtes Projekt in Atem: Jedes Jahr werden 800.000 Tonnen Lederreste zu Mülldeponien gebracht oder verbrannt. Wir haben eine Lösung entwickelt, mit der wir dieses Material retten und wiederverwenden können. Fünfzig Prozent des Gewinns aus diesem Projekt werden an das *Barefoot College* (eine gemeinnützige Organisation, die weltweit Solartechnikprojekte in Dörfern durchführt) gespendet. 2019 haben wir mit *Barefoot* zusammen drei Stipendien für Solartechnikerinnen eingerichtet.

ZERO WASTE

***Zero Waste* bedeutet in der Modeindustrie, dass Kleidungsstücke so entworfen werden, dass beim Herstellungsprozess kein Abfall entsteht. Es gibt zwei Kategorien von »Modeabfall«: Abfall, der vor dem Kauf anfällt, und Abfall, den wir als Verbraucher verursachen. Das sind die Kleidungsstücke, die wir weitergeben, damit sie wiederverwendet oder recycelt werden – oder die wir in die Mülltonne werfen (wenn jemand dieses Buch nicht gelesen hat!).**

Die erste Kategorie bezieht sich auf den Abfall, der bei der Herstellung unserer Kleidung anfällt, also bevor sie vom Verbraucher gekauft wird. Im Fertigungsprozess gibt es viele Schritte, bei denen Abfall entsteht. Es kommt vor, dass jemand den falschen oder zu viel Stoff bestellt. Oder eine Marke ordert Stoffrollen, aber der Farbton des Stoffs fällt anders aus als erwartet. Vielleicht war ein Blau gewünscht, das so aussieht wie ein Sommerhimmel an einem schönen Tag, doch stattdessen wurden Rollen mit marineblauem Stoff geliefert, dessen Farbton nicht zur Kollektion passt. Manchmal kommt es auch vor, dass es sich eine Marke oder ein Designer anders überlegt und beschließt, dass nicht mehr Lila, sondern Orange die Trendfarbe der Saison ist, und dass alles, was schon produziert ist, vernichtet oder ausgemustert werden muss.

Zero-Waste-Designs gibt es bereits! Denk nur an einen japanischen Kimono oder an einen indischen Sari. Beide Kleidungsstücke bestehen aus rechteckigen Formen, daher fällt bei ihrer Herstellung kein Abfall an.

Diese Art von Abfall kann auch entstehen, wenn es zu Fehlern im Fertigungsprozess kommt. Manchmal tritt bei mehreren Tausend Kleidungsstücken das gleiche Problem auf, etwa wenn bei einer Charge Jeans alle Reißverschlüsse klemmen oder bei einer Charge Hemden die Nähte aufgehen und das bei der Qualitätskontrolle übersehen wurde. Das ist eine Menge Abfall!

2018 gab die Luxusmarke *Burberry* zu, Kleidungsstücke, Accessoires und Parfum im Wert von etwa 33 Millionen Euro verbrannt zu haben, anstatt die Artikel zu einem niedrigeren Preis abzuverkaufen. Das Unternehmen teilte mit, es habe die Verbrennung angeordnet, um Exklusivität und Wert der Marke zu schützen, habe aber die Energie, die bei der Verbrennung entstanden sei, wiederverwendet. Daraufhin forderten Umweltschützer strengere Vorschriften für den Umgang mit Abfällen in der Modebranche.

Auf dem *Copenhagen Fashion Summit 2017* hat die *Global Fashion Agenda* Unternehmen der Modeindustrie dazu aufgefordert, Maßnahmen zur Abfallvermeidung zu ergreifen und das *2020 Circular Fashion System Commitment* zu unterschreiben. Dieses Papier enthält vier Aktionspunkte, die unter anderem eine häufigere Verwendung von recyceltem Material vorsehen. 2020 hat die französische Regierung ein Gesetz verabschiedet, das die Vernichtung unverkaufter Konsumgüter verbietet. Bisher werden in Frankreich jedes Jahr Waren im Wert von schätzungsweise mehr als 650 Millionen Euro vernichtet oder weggeworfen.

BEIM FERTIGUNGSPROZESS LANDEN SCHÄTZUNGSWEISE FÜNFZEHN PROZENT DES STOFFS ALS ABFALL AUF DEM FABRIKBODEN UND WERDEN DANN WEGGEWORFEN.

Textilien bestehen aus vielen unterschiedlichen Formen: Dreiecken, Rechtecken, Quadraten, Kreisen, geschwungenen Formen in allen möglichen Größen und Winkeln. Stell dir vor, dass diese Formen auf eine rechteckige Stoffbahn gelegt werden (Zuschneider nennen das »verschachteln«), wie ein Puzzle aus unregelmäßig geformten Teilen, die nicht zusammenpassen. Abhängig davon, wie die einzelnen Teile aus der Stoffbahn geschnitten werden, bleibt immer ein bisschen was übrig. Und dieses bisschen summiert sich zu noch mehr Abfall.

Zero-Waste-Design-Challenge

***Zero-Waste*-Designer stellen traditionelle Schnittmuster auf den Kopf und kreieren abfallfreie Entwürfe, die zudem noch kosteneffizienter sind. Sie passen die standardmäßig verwendeten traditionellen Grundschnitte (die »Module« für alle Kleidungsstücke) so an, dass keine Leerflächen übrig bleiben. Genau wie traditionelle Schnittmuster erfordern *Zero-Waste*-Schnittmuster Kenntnisse in Mathematik und Geometrie, um ein Muster so optimieren zu können, dass es nicht nur an den menschlichen Körper, sondern auch auf eine Stoffbahn passt. Die hier vorgestellten Ideen sind eine Einführung in die Erstellung von *Zero-Waste*-Schnittmustern. Spiele mit den Ideen herum und probiere sie zuerst auf Papier aus.**

T-Shirt

1

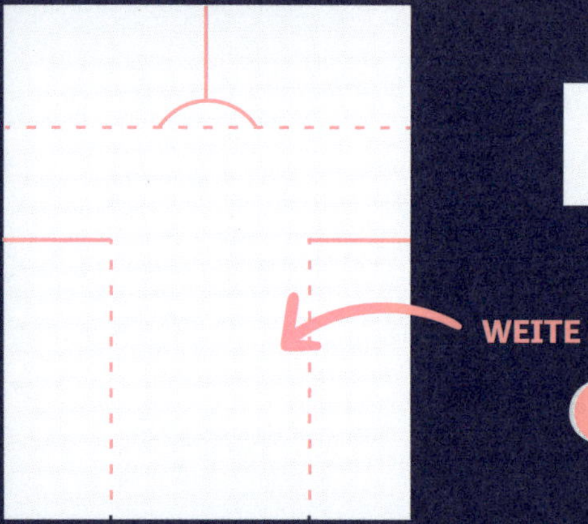

2

Verwende eins deiner T-Shirts als Muster für die Weite deines neuen T-Shirts.

1) Übertrage die Linien wie in Abbildung 1 auf den Stoff. Schneide dann entlang der durchgezogenen Linien.
2) Falte die seitlichen Teile an den gestrichelten Linien in die Mitte. Nähe die Ränder zusammen, um das Vorderteil zu bilden.
3) Falte das obere Ende des Stoffs an der gestrichelten Linie nach unten, um die obere Hälfte des T-Shirts und die Ärmel zu bilden. Nähe die Ränder zusammen, um die Ärmel zu bilden, und befestige die obere Hälfte des T-Shirts am Vorderteil (Nähte siehe Abbildung 2).
4) Falte den Rand des Ausschnitts (Halbkreis) nach innen und nähe ihn fest.

Rock

1) Schneide entlang der durchgezogenen Linien, sodass du vier Teile erhältst. Die schmalen Seiten entsprechen deinem Taillenumfang geteilt durch vier.

2) Lege die beiden vorderen und die beiden hinteren Teile aneinander. Nähe sie jeweils in der Mitte zusammen.

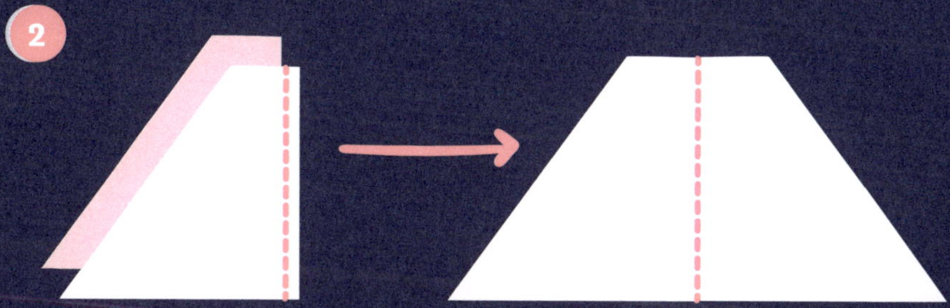

3) Nähe Vorder- und Rückseite an den langen Seiten zusammen. Du kannst einen Bund nähen und ein Gummiband einziehen oder in der hinteren Mittelnaht oder einer Seitennaht einen Reißverschluss einsetzen. Den Saum kannst du umnähen oder einfach unversäubert lassen.

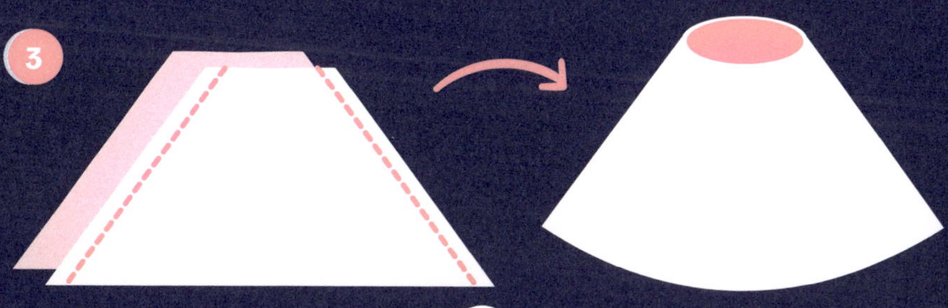

IST TECHNOLOGIE DIE LÖSUNG?

Zu den wichtigsten Aufgaben eines Designers gehört es, sich Lösungen einfallen zu lassen. Der Akku deines Handys ist leer? Wäre es nicht toll, wenn du es beim Gehen über deine Kleidung aufladen könntest? Die Luftverschmutzung in den Städten nimmt zu? Wie wäre es, wenn deine Kleidung die Luft reinigen würde? Du wächst schnell aus deinen Sachen heraus? Was wäre, wenn sie mitwachsen würden? All das sind Ideen, wie die Modeindustrie einen positiven Beitrag leisten könnte.

Die Entwicklung tragbarer Technologien ist noch nicht sehr weit fortgeschritten, aber sie bieten das Potenzial, Menschen mit Handicap dabei zu helfen, Dinge zu tun, die sonst vielleicht unmöglich für sie wären. Sie könnten sogar dafür verwendet werden, bei Menschen mit gesundheitlichen Problemen medizinische Diagnosen zu stellen oder auf mögliche Risiken hinzuweisen. Doch die Kombination aus Technologie und Mode könnte auch zu Problemen führen. Kann man die Technologie überhaupt reparieren, wenn sie in den Stoff eingewoben ist, und wird es dadurch vielleicht noch schwieriger, das Kleidungsstück zu recyceln?

Smart Fashion

Die Smartwatch von *Apple* kam 2015 auf den Markt und entwickelte sich innerhalb kurzer Zeit zu einem Bestseller unter den Geräten, die am Körper tragbar sind. Vor Kurzem hat *Levi's* zusammen mit Google eine smarte Jeansjacke entwickelt, die über Bluetooth mit einem Smartphone verbunden wird. Über leitende Fasern im Ärmel kann man dann zum Beispiel die Lautstärke von Musik einstellen oder sich eine Wegbeschreibung anhören. *Under Armour* hat Sportbekleidung und Bettwäsche entwickelt, die Körperwärme absorbieren und als Infrarotlicht auf die Haut reflektieren, um Muskelerholung und Entspannung zu fördern.

Einige Unternehmen untersuchen, wie neue Technologien dazu verwendet werden können, mithilfe komplexer Ortungssysteme unsere Kleidung von der Faser bis zum fertigen Teil nachzuverfolgen. Ein solches System könnte Modemarken dabei helfen, die Entstehung ihrer Produkte genau nachzuvollziehen, sodass sie genau wissen, wer ihre Textilien hergestellt hat, und auch die Lieferketten effizienter kontrollieren könnten.

Wenn wir ein Kleidungsstück im Internet kaufen und es nicht passt, kann das ziemlich aufwendig und umständlich werden. Diesen Shopping-Frust könnten 3-D-Körperscanner verhindern, mit denen wir unsere Kleidung in virtuellen Umkleideräumen anprobieren könnten, bevor wir sie bestellen. Vielleicht wird es in Zukunft sogar möglich sein, Textilien herunterzuladen und zu Hause mit einem 3-D-Drucker auszudrucken – das wären dann die ultimativen *Zero-Waste*-Kleidungsstücke.

GREENWASHING

Warum wissen viele Modemarken nicht, wo ihre Produkte herkommen? Die Lieferketten beim Fertigungsprozess sind ungeheuer kompliziert und verschachtelt und erstrecken sich häufig über mehrere Kontinente. Fabriken nehmen Bestellungen an, die sie mitunter an andere Fabriken oder Heimarbeiterinnen outsourcen, was es den Modemarken erschwert, den Weg der Textilien nachzuverfolgen. All diese Prozesse erfordern eine genaue Überwachung.

Ein Unternehmen muss anderen gegenüber glaubhaft versichern können, dass es bestimmte Standards einhält – und zwar Standards, die es sich nicht selbst gesetzt hat. Um Transparenz zu schaffen und die Rechenschaftspflicht einzuhalten, ist es erforderlich, dass Unternehmen mit externen Stellen zusammenarbeiten, beispielsweise Gesetzgebern, Aktionsgruppen, Nichtregierungsorganisationen, Gewerkschaften, Arbeitern und uns Bürgern.

Vorsicht vor gut klingenden Erklärungen ...

Das Thema Nachhaltigkeit kann leicht dazu führen, dass man irgendwann die Nase voll hat. Darüber hinaus ist es unglaublich schwierig, unterschiedliche Produktkennzeichnungen zu verstehen oder sich durch den Geschäftsbericht einer Marke zu arbeiten und herauszufinden, wie es um deren soziale Verantwortung bestellt ist. Und nur zu gern lässt man sich vom Marketinggesäusel eines Unternehmens einlullen. Manchmal ist ein Artikel im Laden als »bio« gekennzeichnet, genau genommen besteht er jedoch nur zu einem kleinen Teil aus organischem Material, dem zudem noch die richtigen Zertifikate fehlen. Oder eine Marke verwendet recycelte Papiertüten oder benutzt bei jeder sich bietenden Gelegenheit Begriffe wie »bio«, »aus nachhaltigem Anbau« oder »umweltbewusst«, um auf diese Weise zu unterstreichen, dass sie das Richtige für die Umwelt tut.

Wenn ein Unternehmen sich mithilfe von Marketing und PR ein grünes Mäntelchen umhängt und sich als besonders umweltfreundlich und verantwortungsbewusst darstellt, sich aber nicht entsprechend verhält, bezeichnet man das als *Greenwashing*. So ein Unternehmen arbeitet mit leeren Worthülsen. Es erklärt vielleicht lang und breit sein Wertesystem und betont, wie sehr es sich für die Umwelt einsetzt. Vielleicht geht es Selbstverpflichtungen für die Zukunft ein, versäumt aber, uns zu sagen, wie es diese Versprechungen in die Praxis umsetzen will. Auf den ersten Blick mag das alles sehr beeindruckend aussehen, aber nicht auf *Greenwashing* hereinzufallen, ist der erste Schritt auf dem Weg zur Wahrheit.

SO ENTLARVST DU GREENWASHING

Hier findest du einige *Greenwashing*-Standardfloskeln, die bei dir die Alarmglocken läuten lassen sollten. Wenn du die richtigen Fragen stellst, bekommst du die Antworten, die du brauchst …

»Wir achten auf unseren Energieverbrauch«

Das könnte ein Unternehmen auch behaupten, wenn es lediglich jeden Tag nach Geschäftsschluss das Licht ausmacht. Außerdem ist in vielen Ländern die Verwendung von Energiesparlampen gesetzlich vorgeschrieben. Reicht das, obwohl für die Herstellung von Textilien gewaltige Energiemengen benötigt werden?

»Unser Markenlogo ist grün«

Die Farbe Grün verbinden wir damit, dass etwas nicht umweltschädlich ist. Das könnte irreführend sein. Finde heraus, was das Unternehmen genau tut, um seinen ökologischen Fußabdruck zu reduzieren.

»Wir reduzieren unseren CO_2-Ausstoß«

Es reicht nicht, Grünpflanzen in die Büroräume zu stellen oder Solarmodule zu installieren. Die Herstellung von Textilien verursacht 70 Prozent des CO_2-Ausstoßes eines Modeunternehmens, deshalb sind Maßnahmen in diesem Bereich am wichtigsten.

»Wir haben ein Recyclingprogramm für unsere Textilien«

Programme, bei denen du deine ausgemusterten Kleidungsstücke zum Recyceln in die Geschäfte einer bestimmten Marke bringst und dafür einen Gutschein bekommst, sind mit Vorsicht zu genießen. Die Vorteile von Recycling werden durch noch mehr Konsum wieder zunichtegemacht. Denk dran: Derzeit wird nur ein Prozent aller recycelten Textilien für die Fertigung neuer Kleidungsstücke verwendet.

»Alle Produkte von uns sind nachhaltig«

Finde heraus, ob das nur für einen »speziellen« Bereich oder tatsächlich für alle Produkte eines Unternehmens gilt.

»Wir recyceln unsere Verpackungen«

Das könnte ein weiterer Versuch sein, die Aufmerksamkeit vom Rest des Produktionsprozesses abzulenken, der weitaus umweltschädlicher ist als nur die Verpackung.

»Bis 2025 wollen wir unseren CO_2-Ausstoß um 50 Prozent reduzieren«

Das Unternehmen geht hier vielleicht von einem Startdatum in der Vergangenheit aus, an dem der CO_2-Ausstoß noch erheblich geringer war. Möglich wäre auch, dass die Reduzierung einfach als Prozentsatz des Ausstoßes angegeben wird und dass das Unternehmen anschließend den Ausstoß erhöht! Dann kann man ihm nichts vorwerfen, wenn das Ende des angegebenen Zeitraums erreicht ist.

»Wir spenden einen bestimmten Prozentsatz unseres Gewinns an gemeinnützige Organisationen«

Einen bestimmten Prozentsatz des Gewinns aus dem Verkauf eines Produkts an gemeinnützige Organisationen zu spenden, sieht auf den ersten Blick ganz großartig aus. Das passiert allerdings nur, wenn wir das Produkt kaufen. Spendet das Unternehmen auch, wenn das Produkt nicht produziert wird? Kann die Marke garantieren, dass bei der Herstellung des Produkts niemand ausgebeutet und die Umwelt nicht geschädigt wurde?

»Wir streben Zero Waste an«

Das kann so gut wie jedes Unternehmen behaupten, das vor Kurzem damit angefangen hat, in seinen Büros Papier zu recyceln. Reicht das? Informiere dich und finde heraus, wie dieses Ziel erreicht werden soll.

- ✓ **ACHTE AUF EIN FAIRTRADE-LOGO. EIN SOLCHES LOGO BEDEUTET, DASS EIN UNTERNEHMEN DEN MENSCHEN, DIE IN MINDESTENS EINEM TEIL SEINER LIEFERKETTE BESCHÄFTIGT SIND, EINEN ANGEMESSENEN LOHN BEZAHLT.**

- ✓ **INFORMIERE DICH DARÜBER, AUF WELCHER WISSENSCHAFTLICHEN GRUNDLAGE DIE ZIELE EINES UNTERNEHMENS ZUR REDUZIERUNG SEINES ÖKOLOGISCHEN FUSSABDRUCKS BASIEREN. WIRD DAS VON OFFIZIELLER STELLE GEREGELT?**

FALL-STUDIE: RANA PLAZA

Am 24. April 2013 ereignete sich in Dhaka, Bangladesch, einer der schwersten Fabrikunfälle in der Geschichte der Modeindustrie. Dabei kam ein gut gehütetes Geheimnis der *Fast Fashion*-Welt ans Licht. Das aus acht Geschossen bestehende Gebäude *Rana Plaza* war evakuiert worden, weil am Tag zuvor Risse in Böden, Wänden und Decken aufgetreten waren. Der riesige Komplex beherbergte alle möglichen Arbeiter, aber nur den Näherinnen, die in der Textilindustrie arbeiteten, wurde von ihren Chefs befohlen, dass sie zur Arbeit gehen und das Gebäude wieder betreten sollten ...

Die Näherinnen waren nicht in einer Gewerkschaft organisiert, die darauf bestanden hätte, das Gebäude auf seine Sicherheit zu überprüfen. Darüber hinaus war die Drohung, einen Monatslohn zu verlieren, für die meisten der Frauen zu viel. Ihnen blieb keine andere Wahl, als das Gebäude zu betreten. Beim Einsturz gab es 1.138 Tote und 2.500 Verletzte.

In den Trümmern lagen Leichen neben den Textilien und Etiketten bekannter westlicher Modeketten. Viele Marken konnten nicht mit Sicherheit sagen, ob ihre Kleidungsstücke an einem Ort gefertigt wurden, an dem menschliches Leben so wenig wert war. *Primark* reagierte schnell und spendete Geld für einen Fonds, aus dem Familien entschädigt wurden, die bei dem Unglück einen Angehörigen verloren hatten. Obwohl *Primark* mit *Rana Plaza* in Verbindung gebracht wurde, konnte das Unternehmen wenige Monate später einen Gewinnanstieg bekannt geben.

Als Reaktion auf eine Tragödie wie diese würden jetzt manche sagen, dass wir keine andere Wahl haben, als die Marken zu boykottieren, die dieses Problem nicht lösen. Andere Modeaktivisten, wie z.B. die *Kampagne für Saubere Kleidung*, rufen jedoch nicht zum Boykott bestimmter Marken auf, weil die Menschen, die ganz unten in der Lieferkette arbeiten – beispielsweise Näherinnen –, dadurch vermutlich ihren Job verlieren würden.

TRIANGLE-TRAGÖDIE

1911 wurden bei einem Brand in der *Triangle Shirtwaist Fabrik* in New York 146 Arbeiter getötet. Ein Feuer in der *Tazreen Fabrik* in Bangladesch forderte 2012 117 Todesopfer. In Bangladesch sind solche Katastrophen keine Seltenheit, da viele weitere Brände in Fabriken nicht gemeldet werden.

Warum werden Arbeiter in der Textilindustrie weiterhin gezwungen, unter Bedingungen zu arbeiten, die gegen den Arbeits- und Gesundheitsschutz verstoßen? Und wer ist für diese Ausbeutung verantwortlich? Ist es der Fabrikbesitzer, der seine Näherinnen dazu zwingt, viele Stunden am Tag unter unsicheren Bedingungen zu arbeiten? Ist es die Aufgabe der Regierung eines Landes, Gesetze zu erlassen, die sicherstellen, dass die Menschenrechte eingehalten werden und dass seine Bürger mit Würde und ohne Gefahr für Leib und Leben arbeiten können? Sind es die Modemarken, die verlangen, dass die Fabriken die bestellten Waren schneller und billiger produzieren, während sie gleichzeitig weiterhin Gewinn machen?

Oder sind wir es, weil wir unsere Kleidung mit so wenig Rücksicht auf menschliches Leben konsumieren und entsorgen? Es ist offensichtlich, dass wir alle dabei eine Rolle spielen, und dass wir nur zusammen auf Änderungen drängen können.

DER BEGINN EINER REVOLUTION!

Als Reaktion auf den Einsturz von *Rana Plaza* kam die britische Designerin Carry Somers zu dem Schluss, dass in der Modeindustrie eine größere Transparenz herrschen muss, damit Marken und Einzelhändler zur Rechenschaft gezogen werden können. Zusammen mit Orsola de Castro gründete sie eine weltweite Kampagne namens *Fashion Revolution*, die auf die breite Masse setzt, um mehr Fairness in der Modeindustrie zu fordern.

Fashion Revolution setzt sich für eine Branche ein, die weiß, wer die von ihr verkauften Textilien herstellt, angefangen bei den Stoffproduzenten bis hin zu den Arbeiterinnen, von denen die einzelnen Teile zusammengenäht werden. Wenn Unternehmen diese Informationen öffentlich machen, können wir sehen, in welchen Bereichen etwas verbessert werden muss, und herausfinden, wer die schlimmsten Übeltäter sind. Das hilft uns dabei, als Verbraucher bessere Entscheidungen zu treffen und uns aktiv mit den Lieferketten zu beschäftigen, in denen unsere Kleidung hergestellt wird. Eine Marke, die nichts zu verbergen hat, sollte kein Problem damit haben, diese Informationen herauszugeben, dennoch weigern sich einige.

Fashion Revolution fordert Menschen in der ganzen Welt dazu auf, ihre Lieblingsmarken zu fragen: »*Who Made My Clothes?*« Über soziale Medien, auf Demonstrationen und über den direkten Kontakt zu Unternehmen können wir ihnen zeigen, dass wir uns Gedanken machen und solidarisch mit den Arbeiterinnen sind, die die von uns getragene Kleidung herstellen, und das häufig für sehr wenig Geld. Wenn wir genug Druck aufbauen, wird es uns vielleicht gelingen, eine nachhaltigere, sozial gerechtere Modeindustrie zu schaffen, damit Tragödien wie *Rana Plaza* nie wieder vorkommen.

Um Herstellungskosten gering und Gewinne hoch zu halten, verlagern einige Unternehmen ihre Produktion in Fabriken und Länder mit den billigsten Arbeitskräften.

Warum sind Gewerkschaften wichtig?

Gewerkschaften sind Mitgliedsorganisationen, denen man als Teil der Branche (oder des Handwerks), in der man arbeitet, beitreten kann. Als Mitglied einer Gewerkschaft bekommt man bei arbeitsbezogenen Problemen Beratung, Unterstützung und Hilfe. Wenn das Problem nicht gelöst werden kann oder es noch viele andere betrifft, kann die Gewerkschaft zu einem Streik aufrufen, um den Chefs das klare Signal zu senden, dass die schlechte Behandlung nicht toleriert wird. Mit Hilfe und Unterstützung von Gewerkschaften in verschiedenen Ländern ist es Arbeitern in der Textilindustrie im Laufe der Jahre gelungen, Lohnerhöhungen, bezahlten Urlaub, Lohnfortzahlung bei Krankheit, Mutterschaftsgeld und bessere Arbeitsbedingungen durchzusetzen. In einigen Ländern wurde die Macht der Gewerkschaften jedoch beschnitten. Einige Arbeitgeber halten Gewerkschaftsmitglieder unter ihren Arbeitnehmern für potenzielle Unruhestifter; daher schüchtern sie sie ein, damit sie sich nicht beschweren, und entlassen sie sogar manchmal.

CAROLYN MAIR

INTERVIEW: MODEPSYCHOLOGIE

Die Professorin Dr. Carolyn Mair ist Gründerin von psychology.fashion und Autorin von *The Psychology of Fashion* (Routledge, 2018). Wir haben sie gefragt, was die Wahl unserer Kleidung bedeutet.

Welche wichtigen Faktoren berücksichtigen wir beim Kauf von Kleidung?

Das hängt davon ab, wer die Kleidung kauft. Inzwischen berücksichtigen viele Verbraucher bei ihrer Kaufentscheidung, wie die Textilien hergestellt werden. Themen wie Nachhaltigkeit und soziale Verantwortung stehen inzwischen zunehmend im Vordergrund und die Verbraucher fangen an, mit ihrem Portemonnaie abzustimmen. Allerdings kann man nicht so einfach sagen, dass *»Fast Fashion«* schlecht und *»Slow Fashion«* gut ist. Wir müssen in größeren Zusammenhängen denken: Sollte Mode für alle zugänglich sein oder zu etwas Elitärem werden? Meiner Meinung nach ist Mode für alle gedacht und deshalb sollte sie auch erschwinglich sein. Wie lange ein Kleidungsstück getragen werden kann, ist nicht nur eine Frage des Preises. Auch günstigere Teile können strapazierfähig und haltbar sein, wenn man sie sorgfältig pflegt, und selbst teure Teile können sich verziehen und zu Pilling neigen. Es mag für manche überraschend sein, aber viele relativ teure Modeartikel werden in denselben Fabriken produziert wie *Fast Fashion*.

Nachhaltige Herstellungsverfahren sind wichtig für die Umwelt, daher ist es eine gute Entscheidung, Textilien zu kaufen, bei denen die Umweltkosten angegeben werden. Auch Programme, die einige Marken gestartet haben, um ihrer sozialen Verantwortung gerecht zu werden, können bei der Entscheidung helfen, welche Mode man kaufen soll.

»… VIELE RELATIV TEURE MODEARTIKEL WERDEN IN DENSELBEN FABRIKEN PRODUZIERT WIE FAST FASHION.«

Ein weiterer Faktor ist der Kundenservice, egal, ob im Internet oder im Geschäft. Verbraucher werden anspruchsvoller und es gibt immer mehr Konkurrenz, daher müssen Marken einen praktischen, lückenlosen und modernen Service bieten, sonst gehen die Verbraucher woandershin. Verbraucher bevorzugen einen personalisierten Service, einige sind jedoch misstrauisch und wollen wissen, wie ihre Daten genutzt werden. Das kann auf der Website der Marke deutlich gemacht werden.

Warum kaufen wir Dinge, die wir nicht brauchen?

Wir werden ständig mit Modefotos bombardiert, die suggerieren, dass Kleidung uns im Leben voranbringen kann. Uns wird gesagt, dass wir neue Artikel kaufen müssen, um Erfolg zu haben, aber das ist nicht wahr! Die meisten Menschen müssten gar keine neuen Kleidungsstücke kaufen, denn sie besitzen schon weitaus mehr Sachen, als sie tragen können, aber wenn wir immer nur das Gleiche anziehen würden, würde uns das langweilen. Wir wollen uns von etwas Neuem stimulieren lassen – und das bedeutet, dass wir Spaß daran haben, neue Sachen zu kaufen! Die Modeindustrie basiert auf dieser Lust am Neuen.

Wie schafft es die Modeindustrie, uns dazu zu bringen, dass wir etwas für erstrebenswert halten?

Modefotos haben lange ein bestimmtes Ideal dargestellt, das für die meisten Menschen unrealistisch und unerreichbar ist. Häufig sehen die Models auf diesen Bildern im wirklichen Leben gar nicht so aus. Unter den Models herrscht auch ein eklatanter Mangel an Diversität, und obwohl sich das (langsam) ändert, gibt es noch viel zu tun. Soziale Medien sind dabei ein zweischneidiges Schwert. Einerseits machen sie Mode zugänglicher – jede/r kann ein Influencer sein, auch wenn er oder sie keinem typischen Modeideal entspricht.

WIR WERDEN STÄNDIG MIT MODEFOTOS BOMBARDIERT.

Wenn es funktioniert, ist das toll, da es allen Menschen, deren Maße nicht dem Durchschnitt entsprechen, mehr Selbstvertrauen in Bezug auf ihr Aussehen gibt. Andererseits sind soziale Medien durchaus in der Lage, unser Selbstwertgefühl zu zerstören. Es ist etwas ganz Natürliches, sich mit anderen zu vergleichen, aber das kann auch aus dem Ruder laufen, und dann beurteilen wir uns zu sehr nach den Bildern, die wir sehen. Wir lassen uns von ihnen beeinflussen, auch wenn wir wissen, dass sie bearbeitet wurden. Mein Rat wäre, dass man sich gut überlegen sollte, wem man in den sozialen Medien folgt, damit man sich nicht immer so schlecht fühlt, wenn man einen Post gelesen hat.

UNKONVENTIONELL?

INTELLIGENT?

TASCHE FÜRS LEBEN

Wir beurteilen uns zu sehr anhand der Bilder, die wir sehen.

VIEL GEREIST?

SPORTLICH?

NETT?

KÜNSTLERISCH?

FEMININ?

LUSTIG?

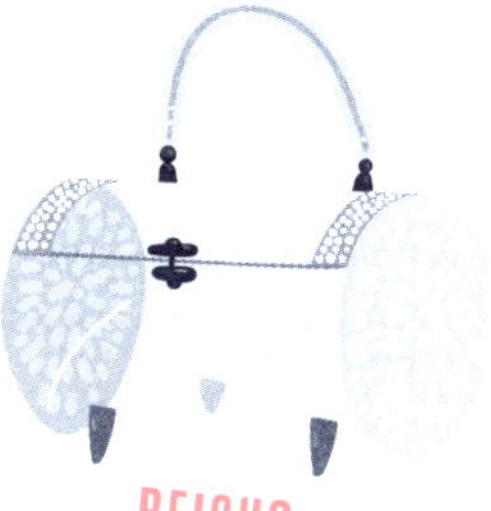

REICH?

Was sagt deine Kleidung über dich aus?

STELLE DIR FOLGENDE FRAGEN, BEVOR DU DAS NÄCHSTE MAL EINKAUFEN GEHST:

- An was denkst du, wenn du dir neue Kleidung aussuchst?
- Was ist dir wichtig und was nicht?
- Wie geht es dir, wenn du beim Shoppen bist?
- Glaubst du, du musst ein bestimmtes Aussehen haben oder einen bestimmten Artikel kaufen, weil soziale Medien dich unter Druck setzen?
- Was könnten die Gründe dafür sein, dass du etwas gekauft und nie getragen hast? Wie könntest du einen solchen Fehlkauf in Zukunft vermeiden?
- Inwiefern repräsentieren die Kleidungsstücke in deinem Schrank die Person, die du sein möchtest?
- Kennst du die Umweltkosten eines deiner Kleidungsstücke?
- Wie viel weißt du über die Nachhaltigkeitsgrundsätze der Marken, die du kaufst?

DU BIST DER WANDEL

INTERVIEW: DIE EXPERTINNEN

Drei führende Expertinnen für Nachhaltigkeit geben Tipps für alle, die einen Beruf in der Modebranche ergreifen wollen, und für alle, die etwas zum Wandel beitragen wollen, den sie sich für die Branche wünschen.

DR. AMY TWIGGER HOLROYD

Dozentin für Mode und Nachhaltigkeit an der *Nottingham Trent University*.

TANSY HOSKINS

Journalistin und Aktivistin, Autorin von *Das antikapitalistische Buch der Mode*.

AUDREY DELAPLAGNE

Arbeitet im ethischen Beschaffungsmanagement des weltweit tätigen Online-Einzelhändlers *ASOS*.

Welchen Rat würdet ihr jemandem geben, der in der Modebranche arbeiten will?

AMY: Er oder sie sollte sich darüber im Klaren sein, dass die aktuellen Zustände in der Modeindustrie nicht so sind, wie sie sein müssten – was jetzt normal oder sogar »natürlich« erscheint, muss und wird sich ändern. Die Branche braucht Menschen, die neue Ideen haben, bei denen das Tragen der Kleidung und nicht das Einkaufen im Mittelpunkt steht. Klingt das nach dir?

TANSY: Die meisten Jobs in der Modebranche haben negative Auswirkungen auf die Umwelt, basieren darauf, dass es so weitergeht wie bisher, und verschleiern, was wirklich produziert wird ... Technologien für Reparatur und Recycling von Mode zu entwickeln, ist eine Ausnahme davon, ebenso wie eine Tätigkeit als Aktivist für Umweltschutz und soziale Gerechtigkeit in der Modebranche oder als kritischer investigativer Journalist. Das ist die Art von Einsatz, die dringend gebraucht wird.

Sollte jemand mit ethischen Bedenken in der Modebranche arbeiten?

TANSY: Man sollte einen starken moralischen Kompass für sich selbst entwickeln und in der Lage sein, Nein zu sagen und sich von der Branche zu verabschieden, wenn man etwas Unmoralisches tun soll – zum Beispiel Verträge mit einer Fabrik abschließen, in der Arbeitsschutzbestimmungen nicht eingehalten werden, Fabriken dazu drängen, ihren Beschäftigten noch weniger zu zahlen, oder Materialien bestellen und verwenden, die die Umwelt gefährden.

AMY: Mode beinhaltet erheblich mehr als das, was wir uns in der Regel unter der Modebranche vorstellen: die Marken, die Geschäfte, die Shows ... Du könntest deine kreativen Fähigkeiten dazu nutzen, die Wiederverwendung und das Teilen von Kleidung zu fördern, anderen Menschen dabei helfen, eigene Fähigkeiten in Bezug auf Styling und Herstellung von Kleidung zu entwickeln, oder Experte für den Anbau nachhaltiger Fasern werden.

AUDREY: Die Branche braucht dich! Es wird Tage geben, an denen du am liebsten aufgeben willst, aber du darfst eines nicht vergessen: Du bist der Wandel und du bist Teil einer einflussreichen Bewegung, die gerade dabei ist, die gesamte Modeindustrie zu verändern.

Du willst zum Wandel beitragen, aber wie stellst du das an?

TANSY: Die größte Hoffnung für einen Wandel in der Modebranche ist, dass Regierungen Gesetze erlassen werden, die die Umwelt und die Beschäftigten in der Textilindustrie schützen. Das ist sehr wichtig – als Aktivist oder Journalist könntest du darauf hinarbeiten, indem du Missstände aufdeckst und öffentliche Unterstützung aufbaust.

AUDREY: Einer meiner Mentoren hat einmal gesagt: »Die Welt braucht Menschen, die sich kümmern, Menschen, die politisch sind, Menschen, die nach dem Warum fragen, und Menschen, die ihre Stimme für alle erheben, die das nicht können. Deshalb solltest du immer, wenn es dir möglich ist, aktiv werden und dich engagieren.«

AMY: Man kann eine Menge ausrichten, wenn man eine Diskussion beginnt. Wissen kombiniert mit dem Engagement eines Aktivisten, der einen Wandel vorantreiben will, ist unglaublich wichtig.

MOSES POWERS

INTERVIEW: PRODUCER VON MODENSCHAUEN

Moses Powers ist Art Director und Producer des *Shangri-La* beim *Glastonbury Festival*. Er inszeniert seit fast zwanzig Jahren Modenschauen und arbeitet auch im Bereich Internationales Casting und Backstage-Management.

Wie hat deine Karriere begonnen?

Ich habe Mode-Styling und Fotografie am *London College of Fashion* studiert und dabei meinen Lehrer Clive Warwick kennengelernt. Zuerst habe ich im Backstage-Management mit ihm zusammengearbeitet, im Laufe der Zeit aber auch in allen anderen Bereichen von Modenschauen. Anschließend war ich viele Jahre für Kokon To Zai im Producing und Casting tätig.

Erzähl uns von deiner Arbeit und den verschiedenen Modenschauen, die du inszenierst.

Ich hatte das Glück, in allen Bereichen der Produktion von Modenschauen Erfahrungen sammeln zu können, von Styling über Casting bis hin zur Bühnenausstattung. Ich habe für kleine, unabhängige Designer gearbeitet und für Agenturen, die mit Designern wie Vivienne Westwood, Ashish, Paul Smith, Versace, Julien Macdonald, Nicopanda und anderen zusammenarbeiten. Meine Aufgaben sind bei jedem Auftrag anders und hängen von den Anforderungen des Kunden ab. Zurzeit arbeite ich vor allem als Art Director und Producer von Live-Events.

Was motiviert dich?

Ich will die Welt verbessern, ich will an Projekten mitarbeiten, an denen mein Herz hängt, und ich will dazu beitragen, die Modebranche weniger verschwenderisch und sozial gerechter zu machen. Die gewaltigen Abfallmengen und der hohe Energieverbrauch für kurze Veranstaltungen müssen nicht sein. Das motiviert mich dazu, zu dem Wandel beizutragen, den ich in der Branche sehen will. Ich bin fast vor Stolz geplatzt, als ich die Ausstattung für eine Modenschau komplett aus recycelten und upgecycelten Materialien entworfen habe.

Was gefällt dir am besten und was am wenigsten an deinem Job?

Menschen zusammenzubringen, damit sie etwas Einmaliges und Erstaunliches schaffen, ist das Beste an meinem Job. Ich benutze Modenschauen auch dafür, eine starke politische Message rüberzubringen. Deshalb arbeite ich so gern mit Ashish zusammen und bewundere, was Vivienne Westwood mit ihren Shows, ihren Kollektionen und ihren *Climate-Revolution*-Kampagnen bewirkt. Ich liebe Mode als Kunstform, bin aber der Meinung, dass die Branche aufhören muss, einen Lifestyle zu verkaufen, den es nicht geben kann. Ich habe etwas gegen Abfall und die festgefahrenen Vorstellungen der Branche von Schönheit! Das muss sich ändern. Und wenn wir ganz bewusst daran arbeiten, werden wir das auch schaffen!

Welche Tipps würdest du jemandem geben, der an der Produktion von Modenschauen mitarbeiten möchte?

Tipp 1: Fang als Assistent von jemandem an, den du magst. Ich habe mit einem Praktikum angefangen. Such dir ein bezahltes Praktikum oder Volontariat.

Tipp 2: Falls möglich, solltest du sämtliche Aspekte des Jobs kennenlernen. Nur so hast du Einblick in alle Einzelheiten, aus denen eine Modenschau besteht.

Tipp 3: Wenn du genug Erfahrungen gesammelt hast, suche dir eine gute Agentur, die Shows produziert, bei denen du mitarbeiten möchtest.

Tipp 4: Behandle jeden mit Respekt und sei immer superorganisiert.

MODISCHES STATEMENT

Mode ist eine großartige Möglichkeit, eine Message zu verbreiten. Designer nutzen Kleidung, um Statements zu sozialen und politischen Themen abzugeben, und das schon seit Jahrzehnten. Die hier vorgestellten legendären Modeaktivisten sind vielleicht eine Inspiration für dich, deine eigene Moderevolution zu starten.

DEMNA GVASALIA

Bei der *Paris Fashion Week 2019* schickte der deutsch-georgische Designer Demna Gvasalia, Kreativdirektor von *Balenciaga*, seine Models in Kreationen, die an die Uniformen von französischen Bahnmitarbeitern erinnerten, über einen Laufsteg, der im Blauton der europäischen Flagge gehalten war. Damit wollte er auf die Wichtigkeit von Arbeiterrechten in einem modernen Staat hinweisen. Im Jahr darauf setzte er bei der gleichen Veranstaltung den Laufsteg unter Wasser, um auf den Klimawandel aufmerksam zu machen.

KATHARINE HAMNETT

Katharine Hamnett trug 1984 auf einem Empfang in der *Downing Street*, bei dem sie der britischen Premierministerin Margaret Thatcher vorgestellt wurde, ein T-Shirt mit einem Anti-Atomkrieg-Slogan. Sie wusste, dass sie damit eine große Medienresonanz auslösen und Politiker auf das Thema aufmerksam machen konnte. Hamnetts Slogan-T-Shirts haben bis heute einen festen Platz in ihren Kollektionen.

VIVIENNE WESTWOOD

Vivienne Westwood nutzt ihre Shows und Entwürfe, um auf Umweltprobleme aufmerksam zu machen. Die Designerin ist eine engagierte Klima-Aktivistin, Kritiker bemängeln jedoch, dass Westwoods Ansichten zur Nachhaltigkeit sich nicht immer in den Aktivitäten ihres internationalen Mode-Imperiums widerspiegeln. Es ist jedoch nicht zu bestreiten, dass Westwoods Arbeit von ihrer Leidenschaft angetrieben wird, die Welt zu verändern. Ihr Motto? Kaufe weniger, wähle sorgfältig, behandle es gut.

Willst du dein eigenes Slogan-T-Shirt designen? Versuche es mit Stempeldruck auf einem alten T-Shirt. Die Anleitung dafür findest du auf Seite 81.

STARTE EINE REVOLUTION

Gibt es etwas, das dir sehr am Herzen liegt? Vielleicht ein Thema, das gerade an deinem Wohnort aktuell ist? Ein Slogan-T-Shirt kann zwar nicht die Welt retten, aber in Kombination mit einer Petition, einer Demonstration und eindringlichen Briefen an Entscheidungsträger ist es schon mal ein Schritt in die richtige Richtung.

TRAGE DEINE WERTE

Die Wahl deiner Kleidung ist wichtig, denn die Entscheidungen Einzelner summieren sich und können etwas bewirken. Wir müssen weniger kaufen, um Überkonsum und Abfallmengen zu reduzieren. Sich für Kleidung von Marken zu entscheiden, die ihr Verhalten zum Positiven verändern wollen, ist ein guter Anfang, aber die Menge an Textilien, die insgesamt produziert (und weggeworfen) werden, muss deutlich kleiner werden. Jetzt, nachdem du dieses Buch gelesen hast, weißt du, wie du dein Konsumverhalten ändern kannst. Wenn du das nächste Mal in Versuchung gerätst, auf Shoppingtour zu gehen, denke an unser Manifest für ein ethisch unbedenklicheres Modeleben …

VERLANGE MEHR

Du willst wissen, ob deine Lieblingsmarke ihren Arbeitern einen angemessenen Lohn zahlt oder was sie mit ihrem Abfall macht, kannst aber nirgendwo Antworten dazu finden? Frage nach.

KAUFE SECONDHAND

Trage, was du hast, und kaufe lieber secondhand als neue Kleidung. Es macht Spaß, mit neuen Styles zu experimentieren. Gib deine gebrauchten Sachen verantwortungsbewusst weiter.

BLEIBE INFORMIERT

Die Modeindustrie entwickelt sich weiter und es werden immer mehr Probleme oder Lösungen entdeckt. Informiere dich und höre nicht auf, Fragen zu stellen.

WÄHLE QUALITÄT

Entscheide dich für Kleidung, die gut gemacht ist und lange halten wird. Nutze deine neu erworbenen Kenntnisse über Stoffe und den Herstellungsprozess eines Kleidungsstücks. Achte auf geplante Obsoleszenz.

AUS WENIG MACH VIEL

Pflege deine Sachen und repariere sie, damit du sie länger tragen kannst.

VERBREITE DEIN WISSEN

Rede mit deinen Freunden und nutze soziale Medien. Diskutiere und höre dir dabei verschiedene Meinungen und Bedenken an. Die meisten Menschen mögen es nicht, wenn man ihnen sagt, was sie tun und lassen sollen, ohne dass sie die Zusammenhänge kennen.

GEH AUF ABSTAND

Die Kleidung, die du kaufst, kommt aus der Natur. Wir können uns von der Natur inspirieren lassen, wenn wir einen Gang herunterschalten und uns auf unsere Umgebung einlassen. Melde dich von E-Mail-Newslettern ab, die dich zum Shoppen verleiten. Schalte hin und wieder sämtliche technischen Geräte aus. Folge in den sozialen Medien nur Accounts, die einen positiven Einfluss auf dich haben und dich nicht pausenlos dazu auffordern, Dinge zu kaufen, die du nicht brauchst.

HINTERFRAGE ALLES

Entlarve *Greenwashing*! Hinterfrage Modemarken und ihre Praktiken und Selbstverpflichtungen. Frage dich, wie eine Marke behaupten kann, nachhaltig zu sein, und trotzdem noch so viel produziert. (Hinweis: Es ist unmöglich!) Sei kritisch und lass dich nicht von Ökophrasen oder Naturfotos täuschen.

TRAGE DEINE SACHEN HÄUFIG

Du sollst deine Kleidung tragen, lieben und Spaß damit haben! Niemand achtet darauf, wie oft du etwas trägst – wenn du ein Kleidungsstück gefunden hast, das ganz dein Stil ist, verdient es dieses Teil, immer wieder getragen zu werden. Achte auf geplante Obsoleszenz.

UND VERGISS NICHT: ES IST KEIN SCHNÄPPCHEN, WENN DU ES NICHT BRAUCHST!

Wie wäre das Leben, wenn wir nicht so oft zum Shoppen gehen würden? Würde es uns glücklich machen, weniger zu kaufen und unsere Zeit anders zu nutzen? Ganz bestimmt!

GESCHICHTE DER MODE

Mode entwickelt und wandelt sich ständig, doch die Industrie an sich und die Art und Weise, wie Textilien produziert werden, haben sich in den letzten 300 Jahren nicht sehr verändert. Was können wir aus der Vergangenheit lernen, um die Ausbeutung von Mensch und Umwelt bei der Produktion unserer Kleidung zu beenden?

Die Massenproduktion von Bekleidung im 18. Jahrhundert mit ihren neuen Technologien und gestrafften Fertigungsprozessen ist für viele der ethischen Probleme verantwortlich, mit denen wir es heute zu tun haben. Die Modewelt ist auf historisch gewachsenen Systemen der Ausbeutung und auf der Misere der Textilarbeiter aufgebaut, die bis heute für bessere Entlohnung und bessere Arbeitsbedingungen kämpfen.

17. JAHRHUNDERT

Baumwolle entwickelt sich zum beliebtesten Gewebe der Welt, die Fertigung von Baumwolltextilien in Indien explodiert.

18. JAHRHUNDERT

Die industrielle Revolution in Europa bringt neue Technologien hervor, was zum Bau zahlreicher Textilfabriken führt. 1750 verbietet das Vereinigte Königreich den Import von Baumwolle und Seidengeweben aus Indien, Persien und China, um die heimische Industrie zu schützen.

1764 erfindet James Hargreaves die »Spinning Jenny«, eine Spinnmaschine mit mehreren Spindeln, mit der Garn erheblich schneller hergestellt werden kann. Indische Stoffe werden im gesamten Britischen Weltreich durch Stoffe aus Spinnereien in Großbritannien ersetzt. 1775 wird Rohbaumwolle im Wert von fünf Millionen Pfund Sterling von amerikanischen Sklavenplantagen nach Großbritannien eingeführt.

19. JAHRHUNDERT

Im 19. Jahrhundert setzen sich in Europa und den Vereinigten Staaten Dampfmaschinen und Eisenerzeugung durch, was wiederum einen Boom in der Entwicklung neuer Maschinen und Technologien für die Bekleidungs- und Textilindustrie auslöst. 1804 erfindet Dr. Cartwright die mechanische Webmaschine. Heimarbeiter können nicht mit ihr konkurrieren. Immer mehr Elendsviertel entstehen, da zunehmend Arbeiter in die Industriestädte ziehen, um dort in Fabriken eine Anstellung zu finden.

Ein 1833 von der britischen Regierung erlassenes »Fabrikgesetz« begrenzt angesichts der zahlreichen minderjährigen Beschäftigten in den Fabriken die Arbeitszeiten von Kindern.

Um 1850 wird die Nähmaschine erfunden. In Großbritannien und Frankreich stürmen Schneider und Weber die Fabriken und zerstören die Maschinen, die sie für den Verlust ihres Lebensunterhalts verantwortlich machen.

Der Begriff »Sweatshop« entsteht vermutlich in den 1850ern als Bezeichnung für Fabriken, in denen die Arbeiter schlecht behandelt werden. Beispiele dafür sind niedrige Löhne, lange Arbeitszeiten, Misshandlungen oder unsichere und unhygienische Arbeitsbedingungen.

20. JAHRHUNDERT

1909 treten Textilarbeiter im amerikanischen New York mit Unterstützung der Gewerkschaften in Streik, um bessere Löhne und Arbeitsbedingungen zu erreichen. Ihr Protest ist erfolgreich, es kommt zu einer Streikwelle, die das ganze Land erfasst.

1911 kommen bei einem Brand in der *Triangle Shirtwaist Fabrik* in New York 146 Arbeiter ums Leben. Berichten zufolge waren die Türen verriegelt und 62 Mädchen sprangen in den Tod, einige hielten sich dabei an den Händen. Die beiden jüngsten Toten waren vierzehn Jahre alt. Das Unglück führte zur Einführung neuer Sicherheits- und Arbeitsschutzbestimmungen in den USA.

1921 ruft Mahatma Gandhi, der Anführer der indischen Unabhängigkeitsbewegung gegen die britische Kolonialherrschaft, zu einem Boykott britischer Baumwolltextilien auf. Er fordert die Menschen auf, selbst Baumwolle zu spinnen oder im Land hergestellte Stoffe zu kaufen. Vier Jahre nach Beginn des Boykotts müssen viele britische Spinnereien schließen, Tausende Arbeiter verlieren ihren Job.

21. JAHRHUNDERT: DER AUFSTIEG DER FAST FASHION

Die spanische Kette *Zara* wird als Pionier der »Fast Fashion« angesehen. Zwischen Entwurf und Erstverkauf liegen bei diesem Unternehmen manchmal nur fünfzehn Tage.

2009 hindern Besitzer von Textilfabriken in Haiti (mit Unterstützung einer US-Behörde) das haitianische Parlament daran, ein Gesetz zur Erhöhung des Mindestlohns in der Branche zu erlassen.

2012 werden bei einem Brand in der *Tazreen Fabrik* in Bangladesch mindestens 117 Näherinnen getötet. Es heißt, dass die Notausgänge des Gebäudes verriegelt und Eisengitter vor den Fenstern montiert waren, sodass die Frauen in der Falle saßen.

2013 stürzt das *Rana-Plaza*-Gebäude in Bangladesch ein. 1.138 Menschen kommen ums Leben, 2.500 werden verletzt.

Die *Internationale Arbeitsorganisation* (ILO) schätzt, dass es weltweit 170 Millionen Kinderarbeiter gibt. Viele dieser Kinder arbeiten in der Textilproduktion, anstatt zur Schule zu gehen.

1970 verlagert sich die Massenproduktion von Kleidung in andere Regionen Asiens, vor allem nach Taiwan, Südkorea und Hongkong. Arbeiter in der Textilindustrie beginnen, auf ihrem Recht auf bessere Bezahlung zu bestehen, daher siedeln einige Unternehmen ihre Produktion auf der Suche nach billigeren Arbeitskräften in benachbarte asiatische Länder, nach Zentralamerika und Mexiko um.

1974 wird das Multifaserabkommen eingeführt, um den Welthandel in der Textilindustrie zu regulieren und Exportquoten für Entwicklungsländer festzulegen.

Zwischen 1985 und 1990 steigt die Textilproduktion in den Philippinen, Malaysia, Indien, Thailand und Indonesien stark an.

Ein Bericht von 1991 deckt auf, dass *Nike* seine Sportschuhe in einem indonesischen »Sweatshop« mit schlechten Arbeitsbedingungen und extremen Niedriglöhnen produzieren lässt.

2019 protestieren Tausende Textilarbeiter in Bangladesch gegen niedrige Löhne. Die Demonstrationen werden von der Polizei mit Wasserwerfern und Tränengas aufgelöst.

2019 verlagern bekannte Marken ihre Textilproduktion nach Äthiopien, da Lohnkosten, Rohmaterialpreise und Steuern in Asien steigen. In Äthiopien gibt es keinen Mindestlohn.

2019 demonstrieren während der *London Fashion Week* Aktivisten von *Extinction Rebellion* gegen die Auswirkungen der Modeindustrie auf den Klimawandel.

NÜTZLICHE WEBSITES

Die Modeindustrie ist schnelllebig, daher solltest du die Entwicklungen in den Bereichen Nachhaltigkeit und soziale Gerechtigkeit genau im Auge behalten. Folgende Websites helfen dir dabei:

BUND Friends of the Earth Germany: www.bund.net
Bündnis für nachhaltige Textilien: www.textilbuendnis.com
Ellen MacArthur Foundation: www.ellenmacarthurfoundation.org
Fachverband Textilrecycling: www.bvse.de/fachverband-textilrecyling.html
Fair Fashion Guide: www.fairfashionguide.de
Fairtrade Deutschland: www.fairtrade-deutschland.de
Fashion Revolution: www.fashionrevolution.org
Future Fashion Forward: www.future.fashion
Global Organic Textile Standard: www.global-standard.org/de
Greenpeace Kampagne für eine saubere Textilindustrie: www.greenpeace.de/kampagnen/detox
Grüner Knopf: www.gruener-knopf.de
Kampagne für Saubere Kleidung: www.saubere-kleidung.de
Labour Behind the Label: www.labourbehindthelabel.org
Laudes Foundation: www.laudesfoundation.org

The Green Fashion Tours: www.greenfashiontours.com
Transition Network: www.transitionnetwork.org
UN Fashion Alliance: www.unfashionalliance.org
World Fair Trade Organization: www.wfto.com

PODCAST

Conscious Hamburg von Sandra Meyer

BLOGS

Die Konsumentin: www.diekonsumentin.com
Fairknallt: www.fairknallt.de
Fashion Changers: www.fashionchangers.de
Peppermynta: www.peppermynta.de

REPARATURMÖGLICHKEITEN FÜR KLEIDUNG

Repair Café International: www.repaircafe.org

VERKAUFSMÖGLICHKEITEN FÜR KLEIDUNG IM INTERNET

Depop: www.depop.com
Ebay: www.ebay.de
Etsy: www.etsy.com
Kleiderkreisel: www.kleiderkreisel.de
Mädchenflohmarkt: www.mädchenflohmarkt.de
Secondhandläden in der Nähe: www.secondhandel.de
Vestiaire: www.vestiairecollective.com

INDEX

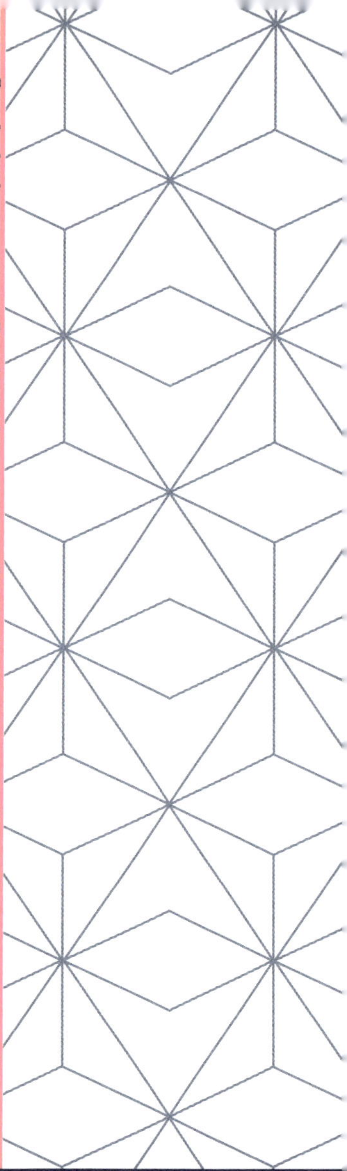

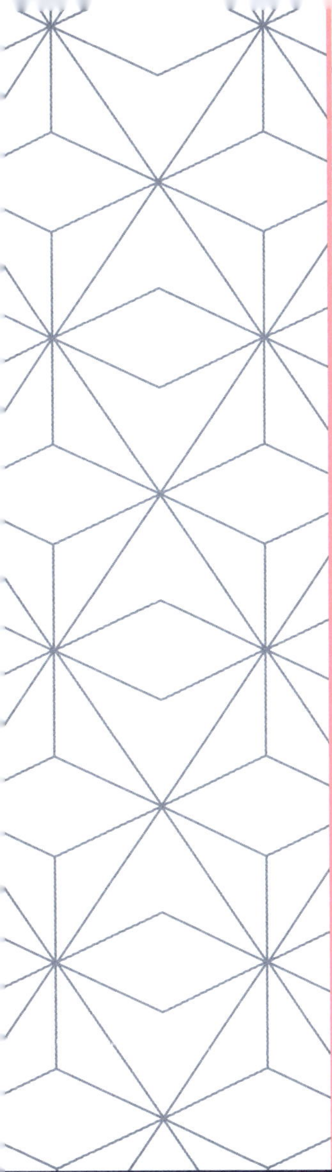

DANKSAGUNG

Dieses Buch war eine Herzensangelegenheit und hat vom Engagement und der Empathie anderer profitiert, die sich der Zukunft verpflichtet fühlen und genau wie ich glauben, dass es kritisches und kreatives Denken braucht, um den Klimanotstand anzugehen.

Ein großes Dankeschön an meine Mentorin Rose Sinclair und meine Freundin Bridget Harvey für viele inspirierende Gespräche und tatkräftige Unterstützung über die Jahre. Dank gebührt auch den zahllosen wunderbaren Menschen, mit denen ich mich in den letzten zehn Jahren bei meinen Vorträgen über nachhaltige Mode, bei Workshops und in Repair-Cafés unterhalten habe – sie haben mein Denken und damit auch dieses Buch geprägt. Mein besonderer Dank gilt Claire Storey, Penn Smith, Jaime Greenly und Rachael Causer, die bei vielen Workshops mit mir zusammengearbeitet haben, um ihre Nähkenntnisse und ihre unerschütterliche Begeisterung für die Reparatur von Kleidung an der Basis an andere weiterzugeben.

Tansy Hoskins, Dr. Amy Twigger Holroyd, Audrey Delaplagne, Dr. Carolyn Mair, Moses Powers, Kresse Wesling, Alice Wilby und Dilys Williams bin ich sehr dankbar für die Interviews in diesem Buch. Ein besonderer Dank gebührt dem Sprachkünstler und Aktivisten Potent Whisper – der sich unermüdlich in sozialen Bereichen engagiert. Von ihm stammt der Satz »*To change the world with a change of clothes*«, den er geschrieben hat, als wir vor vielen Jahren bei der *#secondhandfirst*-Kampagne zusammengearbeitet haben.

Ich danke allen Mitarbeitern von Egmont, vor allem meiner Lektorin Lisa Edwards, die unendlich viel Geduld bewiesen hat und mir eine große Hilfe war, als ich dieses Buch kurz nach der Geburt meiner Tochter zu Ende geschrieben habe. Und nicht zu vergessen Kim Hankinsons fantastische Illustrationen, die das Buch zum Leben erwecken.

Vielen Dank an meine Familie und engen Freunde, die mich seit Jahren bei meiner Arbeit in der Modebranche, im Umweltschutz und als Lehrerin unterstützen. Eine besondere Erwähnung verdienen Beverly Klymkiw, die meine Begeisterung für Mode und Handarbeiten schon in jungen Jahren gefördert hat, Hannah Keever, die mir im Anfangsstadium dieses Buches Ratschläge von unschätzbarem Wert gegeben hat, und Lourdes Keever, die die bemerkenswerte Fähigkeit besitzt, stets vorher zu wissen, wenn ihre Hilfe gebraucht wird, und diese ungefragt anzubieten. Vielen Dank an meinen guten Freund, den großartigen Sprachkünstler Ian Whiteley für seine Inspiration, sein wunderbares Lachen und dafür, dass er an meine Arbeit glaubt.

Ein großes Dankeschön gebührt Michael, der mich dazu ermuntert, nicht mit dem Lernen aufzuhören, Fragen zu stellen, mich eingehend mit etwas zu beschäftigen und den Status quo anzuzweifeln. Danke für deine unglaubliche Unterstützung: für unzählige Tassen Tee, für zahllose (sehr leckere) Mahlzeiten und dafür, dass du unsere neugeborene Tochter (in einem Buggy aus dritter Hand) durch die Straßen im Londoner Norden gefahren hast, wenn sie nicht einschlafen wollte, damit ich Zeit, Platz und Energie für die Arbeit an meinem Buch hatte. Und ganz zum Schluss Etta: Du hast mich die ganze Zeit auf dieser Reise begleitet. Danke für die vielen Kuscheleinheiten und dafür, dass du mein Herz mit Liebe erfüllst und mir so viel Freude bereitest.